파서블

일상 기록을 통해 꿈을 현실로 만드는 법

파서블

POSSIBLE

김익한 지음

INFLUENTIAL
인 플 루 엔 셜

인생은 생각의 결과물이다.
기록으로 당신의 가능성을 펼쳐라.

기 록 하 면

인 생 의 가 능 성 을

발 견 할 수 있 다

첫 책을 내고 1년 반이 지났다. 출간 즉시 베스트셀러에 오르면서 생각보다 훨씬 많은 사람이 기록의 중요성에 공감한다는 사실에 내심 놀랐다. 현재 내가 운영하고 있는 온라인 대학과 유튜브를 통해서도 벌써 30만 명 이상이 기록으로 자기성장을 이루는 여정에 동참하고 있다.

이렇듯 '기록형 인간'으로 거듭나려는 열망을 곳곳에서 확인하고 있지만, 그와 동시에 같은 질문을 계속 듣는다.

"매일 열심히 기록을 하는데 왜 저는 성과가 나오지 않을까요?"

매일 아침 일과를 계획하고 틈날 때마다 메모하는 습관을 지키고 있는데, 별반 달라지는 게 없다는 것이다. 그들에게 내가 하는 말은 하나다.

"열심히 기록한다고 모든 것이 해결되는 것은 아닙니다."

오늘의 노력이 내일의 성장으로 이어지려면

그렇다. 기록은 답을 주지 않는다. 기록한다고 무조건 성과가 나오는 것은 아니다. 기록의 핵심은 '생각'과 '실행'에 있다. 아무리 열심히 적는다 한들 둘 중 하나라도 빠져 있다면, 그 기록은 어떠한 아웃풋도 기대할 수 없다. 단적으로 말해 생각과 실행이 빠진 기록은 낙서에 불과하다.

매일 아침 해야 할 일들을 빼곡히 적어놓고 정작 실행하지 않아 흐지부지되거나, 열심히 메모하며 공부하지만 생각이 빠져 자기화하지 못하거나, 책이나 영화를 볼 때 줄거리 요약에만 공을 들인다면 그 기록은 무용지물이다.

안타까운 것은 기록형 인간이 되고자 의지를 불태우는 사람 중 상당수가 이처럼 생각과 실행 없이 기록에만 골몰한다는 점이다. 기록의 본질과 목적을 잊은 채 노트의 공백을 채우는 데 급급하면서, 아무리 열심히 적어도 성과가 나오지 않는다며 불평과 자책을 거듭하다가 결국 기록 자체를 포기하고 만다.

오늘의 노력이 내일의 성장으로 이어지려면 반드시 생각과 실행이 전제된 기록을 해야 한다. '생각이 선행된 기록', '실행으로 이어지는 기록'만이 성장과 변화를 이루는 트리거가 되기 때문이다. 기록이 트리거가 될 때, 우리는 생각하는 삶을 지속할 수 있고, 결국 생각하는 대로 살게 된다. 나아가 내가 설계한 대로 미래를 만들어갈 수 있다.

결국 진정한 의미의 기록이란 꿈을 찾고 인생을 변화시키는 과정이다. 즉, 아직 발견하지 못한 내 안의 가능성을 일깨워 목표한 바를 이루고 행복을 거머쥐게 하는 현실적인 작업이라 할 수 있다.

생각과 실행이 바탕이 된 기록은 꿈을 현실화한다. 흘러가는 나의 생각과 감정을 붙잡아서 명시화하는 것을 시작으로, 내가 원하는 것과 잘하는 것을 정확히 알게 되며, 그 과정에서 잠재된 가능성을 현실화할 수 있는 능력까지 축적되는 것이다. 이것이 내가 많은 이에게 전하고 싶은 기록이 지닌 마법 같은 힘이다.

한 달 단위 기록으로 내 삶의 주인이 되어라

기록을 한다고 모두가 성공하는 건 아니지만, 역으로 성공한 사람 중 기록을 하지 않는 이는 없다. 이미 그들은 부지불식간에 기록의 효용성을 깨닫고, 이를 자신만의 성장 도구로 삼고 있다.

젊은 시절 운 좋게 '대한민국 1호 기록학자'라는 타이틀을 얻은 뒤 육십이 넘어 '이타성의 자기계발을 하는 10만 네트워크의 운영자'라는 새로운 꿈을 세웠다. 이를 이루기 위해 수년에 걸쳐 각계각층의 리더 및 전문가들을 정말 많이 만났는데, 기록의 대중화라는 주제로 이런저런 이야기를 나누다가 그들에게서 한 가지 공통점을 발견했다. 각자 나름의 방법으로 기록을 일상화하고 있을 뿐 아니라 월간, 주간 단위의 치밀한 계획을 수립하고 있다는 점이었다.

꽤 놀라운 일이었다. 십수 년간 나 자신의 경험을 통해 그리고 성공적으로 삶을 꾸려가고 있는 사람들을 지켜보면서 내가 내린 결론은 흔히들 쓰는 연간 기록으로는 기록의 본질 중 하나인 '실행'이 제대로 이루어지지 않는다는 사실이다.

생각해보라. 얼마나 많은 사람이 연초에 쓰기 시작한 1년

짜리 다이어리를 3월이 채 지나기도 전에 놓아버리는가. 아무리 의지를 불태워도, 1년 뒤의 나를 상상하며 365일 그 목표를 향해 일상을 기록하는 것은 어렵다. 당장 내일의 일도 예측할 수 없는데 1년 뒤의 나를 구체적으로 상상하고, 그에 연동된 계획을 세우는 것이 과연 가능할까? 그리고 그것을 매 순간 떠올리며 일상에서 실행하는 것이 가능할까?

그래서 나는 나처럼 평범한 사람들의 기록은 연 단위가 아닌 월 단위여야 한다고 생각한다. 1년 뒤의 나를 상상하는 건 막막하지만, 한 달 후의 내 모습을 상상하는 건 비교적 수월하다. 구체적으로 상상할 수 있으니 계획을 세우기도 어렵지 않고, 실행 가능성도 훨씬 높아진다.

한 달은 나의 꿈을 상상하고 이를 현실화하는 최적의 단위다. 한 달 단위로 '나의 꿈과 한 달의 기록이 얼마나 잘 조응하는가'를 고민하면서 계획을 수정하다 보면 인생의 방향성과 실행 계획이 구체화된다.

내가 상상하는 미래가 한 달의 목표와 연결되고, 일주일 단위로 전략화되고, 하루의 성실성으로 실행되다 보면 어느새 내가 원하는 꿈과 목표에 이르게 된다. 매일같이 뒤죽박죽 섞이는 일상의 다양한 감각과 지식들이 기록을 통해 정리되어 자기화하면 나만의 콘텐츠와 실력이 되기 때문이다.

이를 깨달은 사람은 자신의 잠재성이 어떤 상태인지 파악하고, 나만의 통찰로 행위하면서 내 삶의 주관자로 살게 된다.

진정으로 성실한 삶이란 바로 이런 것이다. 그리고 이를 위한 가장 강력한 도구가 한 달 단위의 일상 기록이다.

기록은 전략 수립 도구이자 인생의 조타수다

'한 달을 관리하면 1년이 달라진다'는 사실은 내가 30여 년 동안 한 달 단위로 일상 기록을 써오면서 경험한 기적 중 하나다. 이제 나는 이 기록을 나의 세컨드 브레인으로 활용하고 있다.

실제로 일상 기록은 내가 전략적으로 사고하고 실행하는 데 큰 역할을 했다. 일상 기록의 핵심 요소인 계획 기록은 기록학 교수이자 이룸 네트워크의 운영자로 활동하는 내 인생에 조타수가 되어주었다. 지식 기록과 구상 기록은 대통령 기록관 설립 등 기록학자로서의 중대한 프로젝트를 성공적으로 달성하는 데 결정적인 방법론을 제시해주었다. 이렇듯 나는 절박한 실행의 순간에, 그 해답을 일상 기록에서 찾을 수 있었다.

결과적으로 나는 기록으로 모든 것을 이루어냈고 세상이 나를 찾게 하는 방법도 발견했다. 이후 삶의 중심에 기록이 자리잡았다. 그 무렵 나는 기록학자로서 이러한 경험을 좀 더 많은 사람에게 전할 방법을 모색했고, 대중적인 기록 교육을 위해 유튜브 '김교수의 세 가지'와 온라인 교육 과정인 '아이캔대학'을 운영하게 되었다.

전작《거인의 노트》가 기록과 다이어리 쓰기의 인식론에 해당한다면, 이 책《파서블》은 실천론이다. 일상 기록을 통해 꿈을 어떻게 현실로 만드는지 총 3부에 걸쳐 보여준다.

Part 1에서는 일상 기록의 중요성과 방법을 소개하고, 한 달 단위로 일상 기록을 써야 하는 이유를 설명한다.

Part 2에서는 우리가 한 달, 일주일, 하루를 어떤 의미로 바라보아야 하는지, 각각의 계획이 지닌 속성은 어떻게 다른지를 다룬다. 더불어 내가 작성한 일상 기록 샘플을 통해 어떻게 기록을 삶에 체화할 수 있는지 구체적으로 보여줄 것이다. 또한 독자들이 나만의 일상 기록을 써볼 수 있는 페이지도 마련했다. 직접 따라 하다 보면, 일상 기록을 통해 어제와 오늘의 차이를 발견하고 그 속에서 자신의 새로운 가능성을 찾아 인생 전략을 수립할 수 있다.

Part 3에서는 일상 기록이 가져오는 삶의 변화를 구체적으로 보여준다. 일상 기록이 삶의 일부가 되면 전략형, 몰입형, 선택주도형, 정리정돈형, 쿨 트러스트형으로 삶이 달라진다. 이 다섯 가지 삶의 유형은 우리 모두가 원하는 라이프 스타일이다.

무엇보다 나는 이 책을 통해 기록의 매너리즘에 빠진 이들에게 생각과 실행이 전제된 일상 기록법과 일상 기록을 통해 꿈을 현실로 만드는 법을 알려주고 싶다. 또한 일상에서 기록을 하고 싶지만 무엇을 어떻게 써야 할지 막막한 초심자나 이미 기록형 인간이 되었지만 점검이 필요한 이들에게도 도움을 주고 싶다. 하지만 결국 실천은 독자들의 몫일 것이다.

자, 이제는 당신의 차례다. 이 책을 통해 기록형 인간으로 거듭난 당신이 일상을 기록하며 자신의 가능성을 꽃피우기를 기대한다.

2023년 11월
김익한

Contents

PART 3. 일상 기록은 어떻게 인생을 바꾸는가

삶의 어느 시점부터 성장이 멈춘 사람들이 있다.
성실히 살고 있지만 같은 실수와 실패를 반복하고,
유독 운도 따라주지 않는 것 같다.
도대체 왜 이들의 삶은 정체되어 있을까?
그들의 성실은 '미련한 성실'이고, 몸은 부지런히 움직이지만
'생각의 게으름'에서 벗어나지 못한 채
하루하루를 살아내는 데 급급하기 때문이다.

열심히 살고는 있지만 결코 내 삶의 주관자로 살지 못하는 이들에게
당장 오늘부터 일상 기록 쓰기를 권한다.
나의 노력이 의미 있는 자기성장으로 이어지며 선순환하기 위해서는
매일의 일상을 이성화, 구체화할 수 있어야 하기 때문이다.
이는 기록을 통해서만 이룰 수 있다. 기록이 트리거가 되면
우리는 생각하는 삶을 지속할 수 있고, 결국 생각하는 대로 살게 된다.

오늘의 경험이 기록을 통해 지혜로 남는 메커니즘이
일상에서 작동된다고 상상해보라.
어떻게 어제와 똑같은 실수와 실패를 반복하면서 정체된 삶을 살 수 있겠는가.
일상 기록으로 인생을 바꿀 수 있는 이유가 바로 여기에 있다.
지금부터 일상 기록이 어떻게 삶의 무기가 될 수 있는지 살펴보자.

PART 1

일상 기록으로 경험하는
놀라운 자기성장의 힘

기록을 나만의
실행 동력으로 만드는 법

기록은 '생각하는 행위'라는
본질을 항상 상기하라.

기　록　을

성 장 의　도 구 로

활　용　하　라

　매일 성실하게 살지만 노력 대비 결과물을 내지 못하는 사람들이 있다. 밥 먹듯이 야근을 해도 성과는 별 볼 일 없고, 누구보다 오래 책상머리를 지키고 있지만 시험 치는 족족 낙방이다. 남들 따라 재테크를 해봐도 득보다 실이 더 커서 박탈감만 든다. '성실함'으로는 둘째라면 서러운데, 성장하기는커녕 늘상 제자리걸음이거나 심지어 도태되는 형국이다. 대체 이유가 뭘까?

　그들에게는 한 가지 뚜렷한 공통점이 있다. 한결같이 노력하지만 생각(전략)이 결여되어 있다는 점이다. 그들의 노력은 한마디로 '미련한 성실'이다. '이렇게 성실하게 노력하니 언젠가는 잘 되겠지' 하는 막연한 기대를 품고 스스로를 다독인다. 그러면서도 마음이 불안해 타인의 눈에 비치는 성실에 집착한다.

이런 보여주기식 성실함은 결코 오래 지속할 수 없을뿐더러 잦은 실패와 좌절로 인생에 대한 기대감마저 무너뜨리고 만다. 나는 이렇듯 미련한 성실에 갇혀 아웃풋 없이 인풋만 반복하는 사람들에게 일상을 기록해볼 것을 강력히 권한다. 일상 기록은 내가 처한 상황과 감정을 객관화하고 '선 생각-실행-후 생각'의 메커니즘을 체화해 '진정한 성실'을 실행토록 하는 가장 쉽고도 효율적인 수단이다.

생각이 빠진 성실은 필요없다

진정한 성실을 위해 가장 먼저 생각해야 할 것은 '나다움'을 찾는 일이다. 내 인생의 목표가 무엇인지, 내 진정한 욕구가 무엇인지, 나는 무엇을 할 때 가장 즐거운지 등을 정확히 알아야 실행의 과정이 흔들리지 않는다. 이때 기록은 나다움을 찾는 강력한 도구가 된다. 기록하는 과정 자체가 생각을 끄집어내는 행위이며, 나다움은 오직 반복적인 사유를 통해서만 찾을 수 있다.

'생각하기 전에는 행동하지 않겠다'라는 원칙을 세우고, 일상 기록을 꾸준히 해나가다 보면 내가 진정 원하는 게 무엇인지, 원하는 것을 얻기 위해 내가 지금 해야 할 일은 무엇인지 등을 고민하여 실행하게 된다. 무슨 일을 하든 조금씩 진전되는 생성의 경험을 할 수 있는 것은 물론이다. 기록을 삼시세끼 밥을 먹듯 일상의 당연한 습관으로 만들어야 하는 이유가 여기에 있다.

그런 의미에서 실행('선 생각'을 전제로 한) 뒤에는 반드시 '후 생각'을 기록하는 것이 좋다. 만약 내가 어떤 시험에서 떨어졌다고 해보자. 이 시험으로 내가 얻고자 했던 건 무엇인가, 무엇 때문에 시험에서 떨어졌는가, 준비 과정에서 부족한 것은 없었나 등을 기록하면 실패의 괴로움에 허덕이는 대신 다음 스텝과 전략을 찾는다.

기록으로 아웃풋을 만드는 실행을 경험하라

《거인의 노트》에서도 언급했지만 내가 기록의 중요성을

절실하게 느낀 사건은 군 제대 후 복학을 앞두었을 때의 일이다. 대학 입학 후 2년간 학생운동을 하느라 공부를 소홀히 했던 나는 복학 전 3개월간 수면과 식사 시간을 제외하고 하루에 무려 18시간을 공부에 매진했다. 그간 미진했던 학과 공부를 포함해 앞으로 배울 것까지 한꺼번에 내 것으로 만들어보겠다는 당찬 포부로 시작한 일이었다.

독한 결심으로 오직 공부에만 매달리며 일주일을 보내니 논문 10여 편과 책 두 권을 읽을 수 있었다. 그러나 뿌듯함은 잠시, 머릿속에 뚜렷하게 남은 지식이 거의 없었다. 죽을 둥 살 둥 노력했지만 아웃풋은 없는 미련한 공부를 한 것이다. 그때 처음으로 깨달았다. 공부한 것을 온전한 내 지식으로 만들려면 내 방식대로 체계화해 정리하는 '자기화'의 작업이 필요하다는 것을.

이후 나는 그저 책만 파는 미련한 공부를 그만두고, 그날 공부한 주제의 핵심 내용을 키워드로 정리하는 작업을 계속 병행했다. 그러기를 3개월. 어느덧 나는 공부한 내용을 교재 없이 말로 설명할 수 있을 만큼 확실한 아웃풋을 갖게 되었다.

당시 내가 느낀 희열이란 이루 말할 수 없다. 확실한 목적을 갖고 기록을 병행한 결과, 내용에 대한 이해는 물론 글의 구조까지 머릿속에 선연히 그려졌다. 진정한 학문적 사고를 할 수 있게 된 것이다. 돌이켜보면 훗날 기록학을 공부하며 선명하게 이해하게 된 기록의 가장 기본적인 효용을 그때 앞서 경험한 셈이다.

특출난 사람들은 생각만으로도 실행의 동력을 얻고 원하는 바를 이루어낸다. 하지만 이는 일반적으로 매우 어려운 일이다. 그래서 기록이 필요하다. 하루를 계획하고 기억하고 정리하는 일상 기록과 사소한 일이라도 프로젝트화해서 핵심적 요소와 필수 역량을 미리 그려보는 구상 기록을 반복하면 누구나 자발적인 몰입과 성장을 경험을 할 수 있다.

'나는 왜 앞으로 나아가지 못하고 정체되어 있을까?' 하는 고민에 빠져 있다면 기록이 만들어내는 생성의 프로세스를 실천하길 바란다. 미련한 성실에서 탈피해 성취의 즐거움을 맛볼 수 있다. 스스로 깨닫고 실천하기 때문에 똑같은 실패를 반복하는 사이클에서 벗어난다. 오늘의 경험이 내일의 지혜로 발전하는 기록의 놀라운 메커니즘을 일상에서 경험해보자.

기록의 일상화로

생각의 게으름에서

벗 어 나 라

당연한 얘기지만 게으름은 성장의 가장 큰 적이다. 변화와 발전을 방해하는 게으름 가운데 가장 치명적인 것은 생각의 게으름이다. 사유하지 않는 하루가 반복되면 생각력은 점차 작동을 멈추고, 행위의 결과에 대한 믿음도 사라져 자신감마저 잃는다.

이렇듯 몸은 바쁘지만 생각은 게으른 사람들을 나는 생텍쥐페리Antoine de Saint-Exurpéry의 소설《어린왕자》에 등장하는 '점등인'에 비유한다. 점등인은 아침에 가로등의 불을 끄고 밤이 되면 불을 켜는 일을 한다. 왜 그 일을 하느냐는 어린

왕자의 물음에 점등인은 "명령이니까"라고 대답한다. 행성의 자전 속도가 빨라진 탓에 그야말로 쉴 새 없이 일해야 하는데도 생각은 멈춘 채 같은 행동만 반복할 뿐이다. 명령에 따라 움직이는 미련한 성실에 빠져 있는 셈이다.

사유하지 않는 점등인처럼 살지 않으려면 반드시 일상 기록을 해야 한다. 안타까운 것은 누구보다 열심히 사는 사람들조차 기록하는 삶의 중요성을 모른다는 것이다.

혹시 생각의 게으름에 빠져 있지 않은가?

평소에 기록을 하지 않는 사람은 사유하지 않는 삶을 살고 있을 가능성이 크다. 일상 속 사소한 변화를 곱씹어볼 계기가 없기 때문이다. 반면 기록하는 습관을 가진 사람은 별다를 게 없는 하루 속에서도 일, 관계, 배움을 통해 내가 느끼는 감정과 새롭게 알게 된 지식을 기록으로 복기하면서 자연스럽게 사유의 시간을 갖는다.

그래서 나는 사유의 능력은 타고난 재능이 아니라고 생각한다. 기록하는 삶을 실천하면 누구나 사유에 능한 사람이 된다.

평소에 기록을 습관화해 상황과 관계를 예민하게 사유하고, 무엇인가를 구상하고 메모하면서 생각을 끝까지 정리하다 보면 어느덧 내 안의 잠재력이 발현되는 것을 느낀다. 이를 통해 생각력이 커지는 선순환을 이룰 수 있다.

하지만 기록이 일상화되지 않은 사람은 생각의 게으름에 빠져 있어 '쓰고 싶은 것' 자체가 없다. 쓰려고 해도 뭘 써야 할지 찾질 못한다. 성장을 위한 기록의 첫걸음은 오늘 하루 시시각각 변하는 자신의 감정을 놓치지 않고 매 순간 잘 들여다보는 것이다. 진정한 일상 기록은 바로 거기에서 출발한다. 내가 느끼는 감정, 불현듯 떠오르는 생각을 잘 들여다보고 이를 기록으로 남겨보자. 이런 과정을 계속 반복하면 어제와 다를 바 없는 하루가 아니라, 날마다 새로운 하루가 찾아온다.

일례로 늘 다니던 길을 걷다가도 거리의 변화를 눈치챌 수 있다. 문득 고개를 들어 주변을 살펴보다가 못 보던 가게 간판을 발견하기도 한다. '여기에 이런 가게가 있었네? 왜 이걸 여태 못 봤지?' 하며 자신의 무심함에 새삼 놀란다. 이렇게 주변을 살피면서 감각을 즐기는 사람은 기록할 것이 너무나 많다.

이런 경험을 거듭하면 어려운 책을 읽을 때에도 생각의

끈을 놓지 않고 끝까지 읽어나간다. 생각의 힘이 강해졌기 때문에 설령 이해가 잘 안 되더라도 되풀이해 읽기를 거듭하며 결국엔 마지막 장까지 읽어낸다. 그리고 이 과정에서 좀 전까지는 몰랐던 것을 조금은 알게 되는 '차이의 순간'을 경험한다. 그러면 당연히 책을 읽으면서 기록할 것들이 생겨난다.

이렇게 일상에서 차이를 느끼는 감각을 기르고 습관화하면 거기에서 생각이 성장한다. 그로 인해 쓸 것이 생기면 기록의 즐거움을 알게 되면서 다시 생각이 성장하는 나선형 성장이 가능해진다. 나선형 성장은 타고난 재능이 아닌 기록과 사유의 선순환만으로도 충분히 가능하다. 지금 당장 일상 기록부터 시작해야 하는 이유가 여기에 있다.

기록의 일상화가 어려운 이유

이제부터라도 기록을 해야겠다고 마음먹더라도 지속적으로 실천하지 못하는 사람이 상당수다. 가장 흔한 이유는 기록해야 한다는 사실 자체를 자꾸 잊어서다. 기록을 생활화하려면 '기록의 조건 반사화'를 적어도 사흘은 훈련해야 한다. 일단 조건 반사화를 하기 가장 좋은 일상 기록부터 시도해보길 권한다. 지하철이나 버스, 카페와 사무실 등 어디든 앉기만 하면 다이어리를 펴고 간단한 키워드 메모를 하는 것이다. 그럴 때마다 '내가 기록하는 것을 잊지 않고 있구나' 하는 긍정적인 인식이 형성된다. 어디든 앉으면 다이어리를 펴라. 이것이 바로 기록형 인간으로 변화하는 첫걸음이다.

기록을 하지 않는 또 다른 이유는 재미와 가치를 느끼지 못해서다. 이 문제 역시 체험이 중요하다. 무엇인가를 판단해야 하거나 고민을 해결해야 할 때 생각을 끄집어내 메모해보자. 처음엔 별 기대 없이 적겠지만 어느 순간 '오, 내가 이런 생각을 할 수 있구나!' 하며 내 안의 잠재성을 발견하게 된다. 기록의 효용을 직접 체감하는 순간이 오는 것이다. 또한 내가 기록한 것을 다시 보면서 '내가 그때 이런 생각을 했구나' 하고 깨닫고 나면 나라는 존재를 새롭게 인식하게 된다.

이렇게 기록과 생각의 상호작용을 통해서 내 안의 잠재성을 현실로 구현하는 경험을 반복하면 자연스럽게 기록은 일상이 된다. '기록할 시간에 다른 일을 하는 게 더 생산적'이라는 고정관념에서 벗어나려면 이러한 기록의 효용성을 직접 체험해야 한다.

그렇다고 지금 당장 기록형 인간이 되겠다고 서두를 필요는 없다. 그보다 선행되어야 하는 건 나 자신이 생각의 게으름에 빠져 있지는 않은지 점검하는 일이다. 무뎌진 감각을 일깨우고 스스로에, 세상에, 늘 반복되는 나의 일상에 조금 더 예민해지자. 예민한 눈으로 바라보고 생각을 거듭하자. 기록은 그런 과정이 동반되어야 의미가 있다.

열심히 쓰고 있다는

착 각 에 서

깨 어 나 라

메모가 일상인 사람들이 있다. 매일 아침 다이어리에 시간대별로 해야 할 업무와 각종 미팅 스케줄을 빼곡히 적고, 회의에서 오간 얘기를 하나도 놓치지 않고 메모한다. 그렇게 빈틈없이 채워진 다이어리를 보며 1분 1초를 허투루 쓰지 않았다는 사실에 만족한다.

하지만 안타깝게도 그 만족감이 실제 성취로 이어지는 경우는 극히 드물다. 열심히 적는 것만으로는 나의 잠재성이 실현되지 않는다. 어쩌면 아예 기록하지 않는 것이 더 나을지도 모른다.

간단한 메모든 장문의 일기든 우리는 하루 동안 많은 기록을 남긴다. 그러나 생각이 빠진 기록은 아무리 열심히 쓰더라도 낙서와 다를 바가 없다. 특히 직장에서의 업무 대화나 회의, 강의 청강이나 독서 등 요약이 필요한 순간일수록 모든 걸 빠짐없이 적어야 한다는 강박에서 반드시 벗어나야 한다. 역설적으로 들리겠지만 적게 쓸수록 좋은 기록이다.

기록은 베끼기가 아니라 생각하는 행위다

흔히 하는 플래닝부터 살펴보자. 하루치의 계획 정도는 펜을 들자마자 쉽게 써내려간다. 하지만 그렇게 여과 없이 나열하다 보면 욕심이 앞서 자신의 능력치를 넘어서는 리스트를 적는다. 하루 동안의 일들을 시뮬레이션하면서 생각하는 시간을 충분히 갖지 않기 때문에 무리한 계획을 세우는 것이다.

계획을 세울 때는 하루가 꽉 찼다는 생각에 뿌듯할지 모른다. 하지만 오후가 되면 상황은 달라진다. 미처 끝내지 못한 일이 겹겹이 쌓이면서 마음은 급해지고 의욕도 사그라든다.

회의를 하거나 상사로부터 업무 지시를 받을 때도 별반 다르지 않다. 회의 때 나온 이야기와 상사의 지시사항을 속기하듯 받아 적는 데 골몰하면 오히려 회의에서 도출된 핵심 사항과 상사가 진정으로 원하는 바를 명확하게 파악할 수 없다. 쓰는 행위에만 온통 신경을 집중하면 되레 본질을 놓치고 엉뚱한 해석을 내리는 실수를 범하게 된다. 특히 업무상으로 주고받은 대화를 적을 때에는 맥락을 파악해 주요 이슈만 남겨야 기록으로서의 가치가 있다.

만일 당신이 무언가를 기록하는 습관이 있다면 자신의 업무 노트를 꼭 한번 들여다보기 바란다. 계획을 적는다면 그것이 과연 시뮬레이션과 자기 성찰을 거쳐 나온 것인지 살펴보라. 회의 내용이나 지시사항을 기록했다면, 주요 키워드 혹은 놓쳐서는 안 될 이슈가 자기 해석을 거쳐 간단명료하게 남아 있어야 한다.

비단 직장생활에만 해당하는 이야기가 아니다. 공부를 할 때에도, 성장을 위한 자기계발을 할 때에도 전체적인 맥락을 파악하고 몇 개의 키워드로 요약해 자기화하는 습관을 들여야 한다. 기록하며 생각한 흔적이 없고, 기록한 후 다시 생각해볼 만한 요소가 없는 받아쓰기로는 결코 생각력이 성장하지 않는다.

기록법에 집착하는 사람들이 빠지기 쉬운 함정

앞서 언급한 것처럼 기록을 생각의 도구로 활용하지 못하고 쓰는 행위 자체에만 몰입하는 것은 '무작정형 기록'에 해당한다. 자신의 생각을 들여다보고 끄집어내는 강력한 무기로서의 기록을 자각하지 못하는 케이스다. 그런데 이보다 더 나쁜 경우가 있으니, 이른바 '방법 집착형 기록'이다. 하나의 다이어리를 꾸준히 쓰지 못하거나 다이어리 작성 방법에만 집착하는 사람이 상당수다. 소위 기록 덕후임을 자부하면서도 내용보다는 다이어리 꾸미기에 열을 올린다.

무작정 기록하는 사람들은 그나마 반복적으로 쓰는 습관이 있어 어느 정도 개선의 여지가 있다. 매일 반복해 쓰다가 아주 잠깐이라도 기록의 가치를 제대로 깨달으면 이후부터는 의미 있고 효율적으로 기록하는 모습으로 변모해간다. 하지만 방법 집착형은 간헐적으로 메모하는 경우가 많아 반복을 통한 차이를 경험할 수 없다. 글씨체나 스티커 장식 같은 사소한 요소에서부터 만다라트, 마인드맵, 코넬식 노트 등 세간에 좋다고 알려진 이런저런 기록법을 전전하면서 내용이 아닌 방법에만 골몰한다.

하나 더 짚고 넘어가야 할 좋지 않은 기록은 SNS를 통한

'과시형 기록'이다. 꾸미기에 열을 올리는 방법 집착형 기록
이 악화된 경우인데, 이런 기록은 그 목적이 타인에게 인정
받는 데 있다. 그 안에 자신만의 생각과 해석이 녹아들어 있
을 리 만무하며, 따라서 엄밀한 의미에서는 기록이라 이름
붙이기조차 곤란하다.

좋은 기록, 의미 있는 기록을 하려면 그 기록이 내게 잘 맞
아야 한다. 또한 기록이 실행이나 생각력의 확장에 목적이
있다는 사실을 잊어선 안 된다. 무엇보다 기록을 바탕으로
나의 생각이 성장 궤도에 올라야 한다.

반복을 통해 차이를 경험하고 그것이 성장으로 이어지는
기록의 본질을 깨닫지 못한다면, 무엇을 적더라도 그것은
그저 놀이 혹은 과제 나열 차원의 기록에 그치고 만다.

일상 기록으로 매 순간 성장하는 나를 만나다

재차 강조하지만 기록은 '생각하는 행위'다. 놀라운 성과
를 내는 사람들은 대부분 기록을 생각의 도구로 삼는다. 기
록을 하면서 현재의 생각을 진전시키고, 진전된 생각으로
업그레이드된 기록을 다시 보며 또 다른 생각을 떠올리는

선순환의 삶을 산다.

이러한 '존재적 기록'은 생각과 기록을 통해 나선형 성장을 경험하게 한다. 나선형 성장은 그저 한 방향으로 빠르게 나아가는 직선형 성장이 아닌, 조금 느리더라도 목표를 향해 입체적으로 점진하는 성장을 의미한다. 얼핏 제자리걸음을 하고 있는 것 같지만, 다시 퇴보하는 일은 없다. 오히려 이 과정에서 수직적 사고와 수평적 사고가 가능해 삶의 모든 면에서 질적인 성장을 한다.

나선형 성장은 '생각'과 '자기화' 그리고 '기록' 세 가지가 유기적으로 연결되면서 상호 긍정적인 영향을 주면서 일어난다. 생각을 기록하고 자기화하면 또 다른 생각으로 나아갈 수 있기 때문에 기록하는 행위는 결과적으로 생각력을 굳건히 해준다. 또한 이런 나선형 성장은 창의성 발현에 적합한 구조이기 때문에 성장의 목표점이 고정되어 있지 않다. 내 안의 잠재성이 열린 목표를 향해 무한대로 발현하는 것이다.

이때 중요한 것은 내가 하는 이 기록이 '실행'을 위한 것임을 잊지 않는 것이다. 실행이 빠진 기록은 의미가 없다. 실행하지 않으면 일상은 변화하지 않고 당연히 기록의 재미를 느끼지 못한다.

그렇다면 기록이 실제 행동으로 이어지지 않는 이유는 무엇일까? 내가 성장한 것을 확인하는 방식을 모르기 때문이다. 다시 말해 성장의 실체는 생각력에 있고, 이 생각력이 기록을 기반으로 발전하는 것을 체감할 수 있어야 한다. 스스로 적은 기록을 재차 읽어보거나 기록한 내용이 나의 실행에 어떤 도움이 되는지를 다시 적어보는 것은 기록이 실행과 연결되어 있음을 실감하게 된다.

인간의 성장은 마치 유유히 흐르는 큰 강물과도 같다. 강물의 변화는 얼핏 봐서는 파악하기 어렵다. 하지만 강물의 총량과 흘러가는 방향은 날마다 조금씩 다르다. 그것을 느끼려면 의식적으로 강물 전체를 멀찌감치 떨어져서 바라보는 노력을 기울여야 한다. 기록을 통해 성장하는 나의 모습을 주기적으로 발견해내 절절하게 실감하는 것도 이와 같은 원리다.

이 상태가 되면 강물의 흐름을 내가 주관하고 방대한 잠재성 중 일부를 선택적으로 길어 올려 현재화할 수 있다. 또한 강물이 제멋대로 흐르게 두지 않고 스스로 강물의 방향을 바꾸는 조타수 역할도 할 수 있게 한다. 이렇게 매 순간 성장하는 자신의 내재적 가치를 끄집어내 활용하는 것은 오직 실행을 전제로 한 기록을 통해 가능하다.

기록을 통해
인생의 가능성을
발견하는 법

일상 기록으로 내 안에 잠든 가능성을 깨워라.

일 상 기 록 으 로

어 제 와 오 늘 의

차 이 를 발 견 하 라

"교수님, 제 하루는 어제와 똑같은 반복의 연속인데 일상 기록이 의미가 있을까요?"

일상 기록의 중요성에 대해 강의할 때마다 자주 받는 질문이다. 맞다. 직장인의 일상은 반복의 연속이다. 많은 직장인은 아침에 겨우 일어나 숨이 턱턱 막히는 지하철을 타고 출근해 정신없이 업무를 처리하고, 퇴근 후 집에 돌아오면 녹초가 되어 쓰러진다.

전업주부는 또 어떤가. 전쟁 같은 아침을 시작으로 별반 다를 게 없는 반복적인 일들을 마치면 어느덧 하루가 끝나고 만다. 날짜만 바뀔 뿐 차이점을 찾을 수 없는 일과 속에서 일상을 기록하라니 도대체 뭘 써야 할지 갈피가 안 잡히는 것도 당연하다.

하지만 역설적이게도 오히려 일상 기록을 쓰다 보면 어제와 다를 바 없는 뻔한 하루가 조금씩 다르게 다가온다. 어떤 것을 기록해야 할지 고민하면서 주변을 살피다 보면 반복되는 출퇴근길의 풍경, 늘 만나는 사람들과 나누는 대화, 회의에 임하는 태도, 학교에서 돌아온 아이를 맞는 나의 마음가짐이 미묘하게 모두 다르다는 사실을 깨닫는다. 이처럼 일상 기록은 특별할 것 없는 하루에 의미를 부여해서 '반복을 통해 차이'를 만드는 창조적인 삶을 경험하게 한다.

차이는 반복의 결과다

일상 기록의 의미를 제대로 이해하려면 반복의 철학적 의미를 알아야 한다. 현대 철학의 화두는 단연 '반복'이다. 하이데거Martin Heidegger, 베르그송Henri Bergson과 들뢰즈Gilles Deleuze에 이르기까지 현대 철학자 대부분은 반복과 지속의 의미에 천착하면서 자신만의 통찰을 이루어냈다.

그중 들뢰즈가 남긴 "차이는 반복의 결과다"라는 말은 차이를 미세하게 느껴가는 반복만이 성장에 도움을 준다는 것을 의미한다. 즉, 들뢰즈가 말하는 반복은 행위 자체는 같은 모습이지만 아주 작더라도 그 안에서 성장이 보이는 반복이다.

들뢰즈가 말하는 반복의 핵심은 동일성의 메커니즘이 아닌 '차이를 만들어내는 원리'에 있다. 수많은 피아니스트가 동일한 악보로 쇼팽의 곡을 연주하지만 제각기 다른 느낌과 완성도를 보이는 이유도 피아니스트 개개인의 반복에서 오는 차이에 기인한다.

이제 일상 기록의 관점에서 반복을 살펴보자. 매일 나의 일상을 기록한다는 것은 동일한 행위가 아니라 '과거와 오늘의 차이를 감각적으로 구분하는' 행위다. 기록은 과거와는 다른 오늘의 나를 특정 계기를 통해 발견하는 과정이고, 이 행위를 반복할 때 어제보다는 더 나은 나로 성장하면서 창의성이 발현된다.

하지만 보여주기식 기록은 아무리 반복해도 차이를 만들어낼 수 없다. 실제로 다이어리를 쓰는 사람 중에 단순 인증을 위해 기록하는 경우도 꽤 많은데, 이러한 보여주기식 기록은 성장을 기준으로 볼 때 무의미하다. 비슷해 보이는 일상이지만 '어제의 나'와 '오늘의 나'가 어떻게 미세한 차이를 보이는지 파악하며 써야만 기록으로서의 의미가 있다.

결국 일상에서의 차이를 발견하려면 아주 작은 변화라도 예민하게 느낄 줄 알아야 한다. 이 대목에서 '타고나길 무던 사람은 어떻게 하느냐'는 의문을 느낄 사람도 있겠지만, 이는 훈련을 통해 얼마든지 가능하다.

우리의 삶은 경험으로 이루어진다. 예민함을 키우는 가장 좋은 훈련은 자신이 느끼는 모든 경험을 존중하는 습관을 들이는 것이다. 경험을 존중한다는 건 시각, 청각, 후각, 미각, 촉각 등 모든 감각 기관을 통해 모든 일을 오롯이 지각하는 것을 뜻한다. 이를 통해 내가 겪는 모든 경험은 내면화하고, 그 과정에서 나의 지각은 예민함을 갖춘다. 이렇듯 예민함을 장착하면 동일한 환경에서도 남과 다른 체험을 하고, 이전과 전혀 다른 새로운 생각을 끄집어낼 수 있다.

물론 쉽지 않다. 하지만 작은 변화라도 예민하게 느끼는 것이 습관이 되면 어느 순간부터는 의식하지 않아도 일상 기록을 쓰는 자신을 발견한다. 그리고 예민한 지각으로 발견한 차이를 기록하는 것에 기쁨을 느낀다.

'반복하는' 것과 '반복되는' 것의 차이

앞서 보여주기식 기록이 무의미한 이유는 그것이 반복을 통해 차이를 만들어낼 수 없기 때문이라고 말했다. 이 차이는 '반복되는' 것이 아닌 '반복하는' 것을 통해서만 만들어낼 수 있다. 그렇다면 반복되는 것과 반복하는 것에는 어떤 차이가 있을까? 대표적인 사례로 화를 내는 상황을 들 수 있다.

나를 화나게 만드는 상황들을 쭉 나열해보면 신기하게도 비슷한 패턴이 있다. 문제는 이 상황이 반복된다는 것을 인지하지 못하고, 그냥 방치한다는 데 있다. 마음속에 생성된 분노를 여과 없이 그대로 표출하는 것이다. 그래서 화를 내는 건 '반복하는' 능동태가 아니라 '반복되는' 수동태다. 이런 반복은 성장의 밑거름이 아니라, 나를 고정과 정체 속에 가두는 일종의 늪이다.

'화'라는 감정 자체를 없앨 수는 없지만, '화를 내는 행위'는 멈출 수 있다. 이전까지 분노를 그대로 표출해왔다면, 일단 숨을 고르고 비난을 멈추는 것. 그것이 바로 우리가 해야 하는 능동태의 반복, 즉 '반복되는'을 '반복하는' 행위로 바꾸는 첫걸음이다. 능동적인 반복을 원한다면 명상 같은 보다 적극적인 행위를 통해 분노 자체를 잠재울 수도 있다.

반복하는 행위를 통해 상황과 구조를 변화시키는 것은 차이를 만드는 데 매우 중요하다. 만일 특정 상황이나 구조를 변화시킬 의지 없이 단순히 화를 내는 행위를 반복한다면 삶의 '차이'는 만들어낼 수 없다. 그것은 전략이 아니라 무의미한 감정 소모일 뿐이고 주변 사람마저 지치게 한다.

화를 내는 것 자체가 나쁘다는 말이 아니다. 날마다 팀원들에게 화를 내는 상사가 있다고 해보자. 그가 주기적으로 적절하게 화를 내면서 팀원들에게 업무 개선을 요구한 결과, 팀원들이 서서히 변화하기 시작해 점차 화를 낼 요인이 줄어든다면 그것은 의미 있는 반복이다. 하지만 어떤 개선도 이끌어내지 못하는 행위라면 당장 멈춰야 할 반복이다.

하루하루의 차이를 제대로 느끼며 기록을 반복하라

실천에 옮기기만 한다면 어느 누구든 일상에서 반복의 힘을 경험할 수 있다. 나는 반복의 힘을 매일 하루 15분의 영어 낭독과 요가 체조를 통해서 경험하고 있다. 일본 유학을 마치고 한국에 들어온 후 곧바로 미국에 갈 일이 있었다. 그때 디트로이트에서 비행기를 갈아타야 했는데 폭설로 비행기가 연착하는 바람에 내가 티켓팅한 비행기가 아닌 다른 비행기를 타야 했다. 뭔가 잘못되었다는 것을 직감하고서 직원에게 물어봤지만, 빠르게 얼버무리는 그의 말을 도무지 알아들을 수가 없었다. "Pardon me?"를 재차 외치며 다시 말해 달라던 나는 궁여지책으로 필담을 통해 겨우 비행기의 편명과 게이트 번호를 확인할 수 있었다.

이후 다시는 그런 불편을 겪고 싶지 않아서 영어 공부를 결심했다. 그때 내게 한 교수님이 추천해준 방법은 영어책 낭독이었다. 매일 15분씩 아이들이 어릴 때 읽던 영어동화책을 낭독했는데 놀랍게도 1년이 지나자 귀가 뚫리고, 이후 지속 훈련을 통해 미국 드라마와 영화를 자막 없이 보는 수준에 이르렀다.

반복의 힘은 요가 체조를 통해서도 체감하고 있다. 나의 아침 루틴 중 하나는 요가 체조다. 중년 남자의 몸이 유연할 리 만무하니 처음에는 손이 발끝에 닿지도 않았다. 그렇게 목석같던 내 몸도 매일의 반복은 당해낼 재간이 없었던지 유연해지기 시작했고, 이제는 몸에 균형이 잡혀가는 게 느껴진다.

이렇게 일상에서 반복에 의한 새로운 생성을 경험하다 보

면, 인생은 차이와 반복으로 성패가 난다는 것을 깨닫게 된
다. 일상 기록을 할 때도 하루하루의 차이를 제대로 느끼면
서 기록을 반복하는 것이 중요하다. 차이를 느껴가며 꾸준
히 반복하는 기록은 결코 우리를 배신하지 않는다.

구 상 기 록 으 로

인 생 전 략 을

수 립 하 라

요즘 MZ세대 사이에는 '갓생 챌린지'와 '미라클 모닝'처럼 일상에서 자기계발 계획을 세우고 도전하는 라이프 스타일이 유행이다. 매일 새벽 5시에 기상하는 모닝 루틴을 실행하면서 일상의 변화를 실감하는 나로서는 이러한 유행이 무척 반갑다. "이번 생은 뭐, 이렇게 살다 가야죠"라고 자포자기식 농담을 일삼는 것보다는 훨씬 생산적인 태도다.

다만 이런 도전이 하루하루 최선을 다하지만 마음먹은 대로 성과가 나오지 않아서 허무한 일상의 위안거리에 그쳐서는 안 된다. 일상의 루틴을 지켜가는 것만큼 중요한 것은

'내가 진정으로 원하는 것'에 대한 정확한 인식이다. 그래야 버둥대는 삶이 아닌 자유의지를 갖고 성장하는 삶을 산다. 그리고 이러한 진짜 성장은 기록으로부터 시작된다.

기록으로 생의 자유를 얻게 된 사람들

하루를 아주 알차게 보내는 직장인이라면 아침에 미라클 모닝을 실천하며 출근 전에 책을 읽거나 운동을 하고, 출근 해서는 본격적으로 일을 시작하기 전에 업무와 관련해 여러 가지를 구상한다. 실제 업무시간에는 사소한 회의나 짧은 이메일 속에서도 지식을 얻고, 퇴근을 해서도 동호회 활동을 하는 등 의미 있는 여가시간을 갖는다. 이 모든 과정은 지적인 생산활동이라 할 수 있다.

만일 여기에 한발 더 나아가 이런 생산적인 경험 중 특히 인상적인 것을 선별해 메모하면서 자기화하는 시간을 가지면 어떨까? 그 하루는 그냥 흘러가는 과거의 시간이 아니라 의식의 지향점이자 삶의 지향점이 된다. 어제와 오늘의 차이가 기록으로 선명히 남으면 점으로 찍히는 하루하루가 선으로 이어지면서 미래의 방향성을 만들기 때문이다.

기록은 물처럼 흘러가는 자신의 생각과 감정을 붙잡아서 명시화하는 작업이다. 그러므로 기록을 지속하면 내가 원하는 것과 잘하는 것을 정확하게 알고, 그것을 실현하는 능력까지 축적된다. 무엇을 해야 할지 구체적인 계획이 세워지기 때문이다. 우리는 이를 실행하면서 삶의 자유를 얻을 수 있다.

실제로 내가 운영하는 '아이캔대학' 졸업생 중 한 40대 여성은 기록형 인간으로 변화해 마침내 꿈꾸던 자유를 얻었다. 평범한 주부로 바쁜 일상을 보내던 그녀는 이제껏 공부를 제대로 해본 적이 없고, 설상가상으로 끝까지 읽은 책이 없을 만큼 심한 난독증을 겪고 있었다. 당연히 제대로 된 독서를 한 적도, 글을 써본 적도 없었다. 평생 이렇게 살 수만은 없다는 간절한 생각에 아이캔대학 입학을 결심했다. 이제는 기록이 일상이 되어 책까지 출간한 그녀는 이렇게 말했다.

"책이 잘 안 읽혀서 힘들었어요. 그러다가 교수님의 강의를 듣고 배운 대로 노트에 독서한 내용을 키워드로 적고 저만의 언어로 재해석해서 정리해둔 다음, 시간이 날 때마다 다시 봤어요. 그 기록들은 제가 가진 최고의 재산이자 보물입니다. 그걸로 책까지 쓰게 되었으니까요. 몸으로만 일하던 제가 이제는 평생 공부하고 책 읽고 글 쓰는 인생을 살고 있습니다.”

기록이 일상이 된 기록형 인간으로 살면서 성장과 자유를 경험한 사람들의 후일담은 언제 들어도 절절한 감동이 있다. 기록을 하면 경험을 통해 발생한 지적 산물이 내적 자산으로 축적되고, 이는 스스로 삶을 계획하고 실행하는 에너지가 된다. 이것이 곧 우리 모두가 그토록 바라는 인생의 자유가 아닐까.

구상 기록으로 일상의 전략가 되기

내가 매일 적는 일상 기록은 계획 기록과 구상 기록, 지식 기록, 생각 기록, 한 줄 기록 등으로 구분된다. 그중 구상 기록은 모든 일과 만남을 능동적으로 주관하는 프로젝트형 인간으로 살아가는 데 중요한 역할을 한다. 구상 기록은 어떤 일을 시작하거나 누군가를 만나거나 회의를 하기 전에 어떤 단계로 나아갈지 구상, 즉 시뮬레이션해보는 행위다.

한마디로 구상 기록은 일과 삶의 전략화를 위한 도구다. 특정한 일과 행위에 대한 목표를 구체화하는 것으로, 목표한 아웃풋을 달성해내기까지 단계별로 미리 생각해보는 기록이다. 자신의 생각, 조건, 성향 등에 기반해서 계획을 짜고 고려할 요소들을 반영하는 과정이기 때문에 실행 전 구체적인 결정까지 할 수 있다.

가령 중요한 업무를 진행할 때 내가 왜 이 일을 해야 하고, 나는 무슨 역할을 담당해야 하며, 이 업무를 통해 내가 얻는 것은 무엇인지를 명확히 설정할 수 있다. 이런 사전 점검 없이 무작정 덤벼들면 시간과 노력 대비 의미 있는 아웃풋을 이뤄내지 못할뿐더러 '나'의 존재 가치가 미미해진다.

그러므로 일과 만남을 행하기 전에는 반드시 그 일의 목표를 상기해야 한다. 이때 어떤 것에 주안점을 둘지 '핵심성공요인Critical Success Factor, CSF'을 계속 생각하면서 아이디어가 떠오르면 기록해보자. 경영학 용어이기도 한 'CSF'는 일상에서 전략적 삶을 사는 데도 결정적인 요소로 작용한다.

구상 기록을 할 때 핵심성공요인을 함께 기록하면 그 일을 대하는 마음가짐이 달라지고 전략적 사고가 가능하다. 핵심성공요인이라고 해서 거창하지 않아도 된다. 가령 오전에 마케팅 회의가 있을 경우, 해야 할 일을 정리하고 그 옆에 '오늘은 내가 먼저 의견을 내지 않고 팀원들의 아이디어를 경청하며 방향 수정하기' 등 회의를 성공적으로 이끌 구체적인 방법을 쓰는 것 정도로 충분하다.

구상 기록을 일상화한 사람은 무슨 일을 하든 프로젝트형으로 진행한다. 자신이 이 프로젝트의 주관자라는 인식 하에 일하기 때문에 해당 프로젝트의 가치와 목표를 설정하고, 어디에 주안점을 둘지와 나의 특장점을 살릴 방법까지 고민한다. 글을 쓸 때 '처음-중간-끝'의 구상을 체계적으로 설정하고 목차를 짜놓은 뒤 집필에 들어가면 논리정연한 글을 완성할 수 있듯이 구상 기록을 하면 전략적으로 일할 수 있다.

구상 기록은 "계획 속에 자유가 있다"라는 명제와도 연관이 있다. 스스로 생각하고 계획한 방향대로 실행할 수 있다는 것 자체가 극대화된 자유이며, 잠재력을 최대치로 끌어올리는 최선의 방법이다.

감 정   기 록 으 로

나 자 신 을   돌 보 고

사   랑   하   라

　무엇을 할지 계획을 세우는 플래닝을 열심히 쓰는 사람은 많다. 하지만 생각이 빠진 플래닝은 해야 할 일들을 단순하게 시간대별 혹은 과제별로 나열하는 행위에 불과하다. 반면 일상 기록은 플래닝, 구상 기록과 함께 내가 보고 느낀 것을 기록으로 남기는 행위로, 하루 동안 있었던 일들과 얽힌 감정 변화와 사소한 발견까지 담아낼 수 있다.

　그래서 바쁜 일상에서 틈틈이 써내려간 일상 기록을 보며 하루·일주일·한 달을 단위별로 회상하면, 감정의 흐름이나 패턴까지 읽힌다. 감정의 흐름이나 패턴을 구조적으로 파악하면 나를 좀 더 객관화해서 바라보는 것도 가능해진다.

기록하는 삶을 살면서 내가 경험한 마법 같은 변화는 일상을 살면서 마주하는 대부분의 문제를 일상 기록만으로 해결하게 되었다는 것이다. 특히 일상 기록을 쓴 뒤로는 분노나 슬픔 등 감정적인 문제로는 거의 타격을 입지 않는다. 말 그대로 감정을 컨트롤할 수 있게 된 것이다.

이는 특별한 능력이 아니다. 짜증이나 화가 나서 견딜 수 없다면 '아우 짜증나!'를 연발하는 대신 차분하게 그 상황과 감정의 배경을 기록해보자. 물론 처음부터 잘 써지지는 않는다. 그러나 계속 시도해보면 어느 순간부터 짜증의 실체가 드러나고, 원인이 선명해지면서 해결 방안도 구체적으로 떠오를 것이다.

내가 느끼는 감정의 흐름을 시간대별로 쭉 써보는 것도 방법이다. 감정을 의도적으로 억제하거나 통제하지 않고 나의 현재 상태를 파악하고 인정하는 것이다. 하루치의 일상 기록에 이런 식으로 감정을 기록하고 객관화하여 생각하다 보면 자연스럽게 감정이 가라앉아 있는 자신을 발견할 수 있다.

기록은 어떻게 나를 객관화시키는가

직장인의 퇴사 사유는 다양하다. 그중 절대적으로 다수를 차지하는 사유는 동료나 상사와의 관계 문제다. 출근해서 '그'의 기운이 느껴지기만 해도 일의 효율이 떨어지고 위축되어 회사를 그만두고 싶다는 극단적인 생각이 들기도 한다. 그는 뛰어난 업무 역량과 커뮤니케이션 능력으로 누구에게나 인정받으며 나의 입지를 넘보는 동료일 수 있다. 문제는 그가 다른 동료나 상사에게 나를 폄하하는 말까지 서슴지 않고 해대는 것인데 그 사실을 알게 되면 분노가 치밀 수밖에 없다. 게다가 그의 눈치를 보는 자신을 발견하게 되면 자존감이 무너져 우울증까지 생길 수 있다.

이런 경우 흔히 하는 행동이 술을 마시며 주변 사람들에게 하소연하는 것이다. 하지만 그런다고 상황이 달라질까? 내 속만 쓰리고 지갑만 얇아질 뿐이다. 그때는 '관계'가 아닌 '일'의 본질에 대해 스스로에게 묻고 답해야 한다.

우선 '직장생활이 내 삶에서 어떤 의미가 있을까?'라는 질문에 대한 답을 써보자. 그 답은 사람마다 제각각이다. 다만 한 가지 분명하게 상기해야 할 것은 직장은 생계와 직결되어 있다는 점이다. 나의 노동으로 내 삶이 지속 가능하다는 것을 명확히 인식하면 관계상의 갈등은 부차적이라는 사실을 깨닫는다. 힘들게 일하는 목적이 동료 혹은 상사와 사이좋게 지내는 것은 아니지 않은가.

일상 기록의 가장 큰 힘은 본질을 잊지 않게 하는 것이다. 지금 당장 억울한 일도 인생을 통틀어서 봤을 때 스쳐 지나가는 찰나의 순간에 불과하다. 나의 경우, 행동이 바뀌는 지점마다 간단한 메모를 해두었다가 일과를 마칠 무렵 그것을 일기로 기록한다. 그러면 그날의 일상에서 내가 느낀 감정과 감각의 흐름이 선명하게 드러나며 나의 상황을 객관화해 바라보게 된다.

그래서 기록을 하다 보면 상황에 매몰되어 놓치고 있던 본질적 가치를 깨닫는 순간이 '번쩍' 하고 찾아온다. 이는 근본적인 사고의 전환을 가능케 해 이후로는 의식적인 행동이 가능하다. 즉, 타인에 휘둘리며 감정을 소모하지 않는다.

이렇게 내적 에너지를 비축하면 단기적으로는 나를 힘들게 하는 '그'를 피하면서도 중장기적으로는 나를 부각시킬 수 있는 방법을 찾을 여유도 생긴다. 그래서 대부분의 문제는 명확한 현실 인식만으로도 절반은 대안을 찾은 셈인데, 그것은 평소에 꾸준히 하는 기록과 메모를 통해 얼마든지 가능하다.

또한 하루를 기록하면 특정 감정 상태를 만들어낸 원인 요소를 파악하고, 그 원인을 제거하는 이성적 대안을 만들 어낼 수 있다. 예를 들어, 평일 아침마다 짜증이 나고 우울한 것이 헐레벌떡 출근하는 습관 때문이라는 것을 기록을 통해 발견한다면, '아침에 10분 일찍 일어나기'라는 대처법을 찾 을 수 있다. 그런 다음 10분 일찍 일어나는 날, 나에게 칭찬 메모를 남겨보자. 10분 일찍 일어나면서 어제와는 다른 차 이를 적어보는 것도 도움이 된다. 칭찬의 메모를 자주 들여 다보는 것만으로도 자존감이 높아지고 우울한 기분에서도 벗어날 수 있다.

대부분의 사람은 내가 오늘 하루 겪은 일상의 감각과 내 가 느낀 감정에 대해 깊게 생각할 여유가 없다고 말한다. 그 러나 나의 감각과 감정을 기록으로 세분화하고 묘사적으로 표현해서 현재성으로 드러내면 이유 없이 느끼는 분노나 짜 증 같은 억눌린 감정의 출처를 알게 된다. 아리스토텔레스 Aristotle가 말한 카타르시스, 즉 억눌린 감정을 분출해서 마 음을 순화시키고 평정심을 찾는 것이다.

그래서 매일 쓰는 단 한 페이지의 일상 기록만으로도 내 인생의 주관자가 될 수 있다. 나 자신을 보듬고 사랑해줄 사 람은 나밖에 없다는 걸 깨달을 때 진정한 자기 돌봄이 가능하다. 타인에 의해 내가 마구잡이로 휘둘리게 그냥 두지 않을 뿐 아니라, 나의 욕망과 감정에 의해 타인에게 상처를 주어서는 안 된다는 각성도 하게 된다. 삶을 운영하는 데 있어서 일상 기록보다 더 강력한 전략은 없다.

꿈을 현실로 만드는
30일 기록 훈련법

'한 달을 관리하면 1년이 달라진다'는 사실은
내가 10여 년 동안 월간 다이어리를 써오면서
경험한 기적 중 하나다.

한 달을 관리하면

1 년 이

달 라 진 다

"1년 동안 12권의 월간 다이어리를 쓰면 당신의 삶은 완전히 달라집니다."

내가 일상 기록을 위한 도구로 월간 다이어리를 추천하면 다들 고개를 절레절레 흔든다. 1년에 한 권을 쓰기도 벅찬데 매달 한 권씩 쓰라니, 그런 기록 노동을 할 시간과 마음의 여유가 없다는 것이다. 사실 내가 보기엔 여유가 없다기보다 '그렇게까지 해야 하나' 하는 의구심이 더 큰 듯싶다.

그럼에도 대부분의 사람은 달력에 일정을 표시하거나, 연간 다이어리에 중요한 일정을 메모하거나, 거기서 좀 더 나아가 하루의 스케줄을 시간대별로 플래닝하는 것으로 계획적인 삶을 산다고 자부한다.

하지만 파편화된 계획만으로는 내 꿈이나 중장기적인 목표를 실현할 수 없고, 그날그날 밀려닥친 과제를 쳐내는 것에 급급해진다. 그렇게 되면 열심히 살더라도 미래에 대한 막연한 불안감을 떨칠 수 없다. 또한 내가 지금 하고 있는 일이 나에게 축적되어 쌓이지 않고, 그저 하루하루 소모된다는 느낌을 받을 뿐이다. 그렇게 급한 불만 끄다가는 정작 내 인생의 불씨가 꺼져버린다.

모든 인간의 꿈은 자유롭고 풍요로운 삶, 내가 원하는 삶을 살아가는 것이다. 그런데 아이러니하게도 이런 삶은 일정한 틀 안에서 가능하다. 즉, 계획이라는 틀 안에서 자유를 추구하지 않으면 산만하고 혼돈스러운 삶을 살아가게 된다. 점점 더 꿈과는 멀어지는 소모적인 삶을 살 수밖에 없다.

그런 의미에서 한 달은 불확실한 미래를 현실적으로 가늠하는 최적의 단위이자, 구체적인 아웃풋을 떠올리는 상상의 단위다. 그래서 나는 연간 다이어리가 아닌 월간 다이어리가 인생을 바꿔준다고 확신한다. 연간 단위의 계획은 나의 통제 범위를 넘어선다. 다시 말해 1년이라는 기간을 완벽히 컨트롤하면서 꿈을 상상하고, 꿈과 연동되는 목표를 세우고, 그에 맞춰 실행하기란 현실적으로 불가능하다. 1년 단위의 꿈은 머리에만 남아 있을 뿐 실행과 직결되지는 않는다.

나의 꿈과 연동되는 계획을 세우고 실행할 수 있는 최대치의 기간은 한 달이다. 한 달을 관리하면 1년이 달라진다는 사실은 내가 10여 년 동안 매달 월간 다이어리를 써오면서 경험한 기적 중 하나다. 연간의 목표는 한 달에 한 번 진행 과정을 점검하고 세부 과제로 잘게 쪼개서 프로세스화하면 가장 달성 가능성이 높아진다. 한 달 단위로 내 인생을 상상하고 계획하고 실행하고 점검하는 것은 누구나 노력하면 가능하다.

한 달 동안 한 권의 다이어리를 쓰면서 일상을 관리하면 내 안의 충만함과 성취감도 차오른다. 내 삶을 스스로 컨트롤할 수 있다는 자신감은 또 다른 한 달을 꿈꾸게 한다.

무엇보다 월간 다이어리는 계획한 것을 실행하고자 할 때 가장 중요한 요소인 '루틴' 형성에 결정적인 역할을 한다. 루틴 없이 모든 행위를 의지적으로 하기란 너무 힘들고, 그것을 습관화하기란 더더욱 어렵다.

예를 들어 좋은 습관을 만들기 위해 매일 아침 5시에 일어나 요가 체조와 명상을 하는 루틴을 설계했다고 해보자.

만약 연간 계획이었다면 중간에 다른 이슈로 도저히 루틴을 실행할 수 없어 멈추었을 때 다시 실행하기 어렵다. 결과적으로 루틴을 습관으로 만들지 못하고 흐지부지될 확률이 높다.

하지만 한 달 단위의 루틴을 짠다면 어떨까. 갑자기 다른 이슈로 루틴을 실행하지 못하더라도 다음 달에 다시 계획해 실행하면 된다. 월 단위로 갱신하므로 루틴을 습관으로 만들기가 훨씬 수월하다. 이처럼 루틴을 자기 의지로 실행할 수 있는 효율적인 단위는 한 달이다. 그래서 나는 한 달을 중시한다.

루틴의 또 다른 예로 회사에서 까다로운 프로젝트의 진행을 맡았다고 가정해보자. 기존에 하고 있는 일도 있는데 새로운 프로젝트까지 맡다 보니 부담이 이만저만이 아니고, 과연 잘해낼 수 있을지 자신도 없다. 이럴 때는 불안한 마음에 하던 일도 손에 잡히지 않는다. 하지만 이 또한 루틴으로 얼마든지 해낼 수 있다.

가령 아침에 출근해서 이메일과 업무 확인을 마치고 오전 9시 30분부터 오전 11시까지는 다른 일은 하지 않고 오로지 프로젝트 수행에 집중하겠다는 루틴을 정해보자. 하나 더 보태 일을 하는 장소도 책상이 아닌 회의실 등 다른 공간으로 정해보자. 이 루틴을 지속적으로 실행하다 보면 결과적으로 프로젝트는 성공에 이를 것이다.

우리가 어려운 과제를 제대로 수행하지 못하는 것은 반복과 지속에 실패하기 때문인데, 그것을 한 달 단위의 루틴으로 실행하면 충분히 해결할 수 있다. 루틴의 성취감도 한 달 단위로 맛볼 수 있으니 일석이조의 효과를 거둔다.

내 인생을

바 꾸 는

---

1 2 번 의 성 찰

월간 다이어리로 일상 기록을 할 때 좋은 점 중 하나는 '인생에 대한 성찰'이 한 달 단위로 가능해진다는 것이다. 대개 연말 연초가 되어서야 내 삶을 돌아볼 시간을 갖는다. 이렇게 1년에 한 번 하는 성찰로는 결코 인생을 바꿀 수 없다. 반면 월간 다이어리를 쓰면 적어도 한 달에 한 번은 진지하게 자신의 인생을 돌아볼 시간을 갖게 된다. 또한 최소한 1년에 열두 번은 자아성찰할 기회가 생기므로 인생의 지향점을 보다 선명하게 구체화할 수 있다.

매달 나의 인생을 생각하는 것은 제법 선명한 기억을 바탕으로 지난 한 달을 복기한다는 뜻이다. 이렇게 선명한 기억부터 차근차근 떠올리다 보면 어느덧 흐릿한 지난날도 재생되어 과거를 제대로 되짚어보고, 이를 통해 버려야 할 것과 취해야 할 것에 대한 선택도 정확히 내릴 수 있다.

월간 다이어리를 딱 3개월만 써보면 가장 먼저 몸이 바뀌는 걸 느낀다. 이를 1년간 12번 반복하면 어떻게 될까? 삶이 바뀌는 출발선상에 설 수 있으며 3년간 지속하면 사람이 바뀐다. 놀랍도록 성장해 있는 자신을 발견한다.

일상 기록을 꾸준히 쓰면 인생 전반에 밝은 기운이 스며든다. 일상을 대하는 태도와 습관이 완전히 바뀔 뿐 아니라 전략의 수준이 달라진다. 궁극적으로는 인생의 목표나 방향을 끊임없이 생각하는 사람으로 바뀌는 마법 같은 변화를 경험한다.

인생의 반전을 꾀할 월간 다이어리의 구성 요소

일상 기록을 위한 도구인 월간 다이어리는 한 달, 일주일, 하루 이렇게 총 3단계로 구성된다. 한 달 단위 계획은 내 꿈을 상상하고 구체화하는 최소 단위로, 지난달을 복기하는 동시에 꿈과 목표를 다시 한번 상기하는 시간이다.

일주일 단위 계획은 그 꿈을 구체화시킬 전략을 짜는 최소 단위다. 꿈과 일상을 조응시키면 일주일 단위 계획은 전략적으로 살아가는 데 가장 중요한 결절점結節点이 된다. 한 달 계획이 그 결절점이 되는 사람도 있겠지만, 한 달 동안의 상세 전략을 머릿속에 구체적으로 그리고 실행할 수 있는 사람은 많지 않다. 대부분의 사람은 일주일 단위로 계획을 쪼개서 수행할 때 달성 가능성이 훨씬 높다.

하루 단위 계획은 일주일 단위의 계획을 성공시키기 위해 하루 중 중요한 일과 해야 할 일 등을 정하는 계획 기록과 계획한 일을 실행하기 직전에 쓰는 구상 기록, 그날 느낀 감각이나 감정을 시간대별로 적는 한 줄 기록, 오늘의 아웃풋을 자기화하는 메모로 구성된다. 이때 하루 단위 계획의 전제는 내가 진심으로 원하는 하루를 구체적으로 상상하되, 주관자로서 하루를 채우려는 마음에서 출발한다는 점이다.

이때, 계획 기록을 시간에 맞춰 일을 나열하는 것으로 착각하면 안 된다. 계획 기록을 할 때는 오늘 하루 중요하게 해내야 할 일들을 정하는 '선 생각'이 전제되어야 한다. 그렇게 플래닝을 작성한 후, 각각을 성공적으로 실행하기 위한 핵심 전략이 담긴 핵심성공요인을 작성한다. 그리고 실행 과정에서 느낀 감각과 감정을 한 줄로 기록한다. 오늘 하루 본 것이나 공부한 것, 아이디어, 대화, 감정 등은 메모란에 적어 지식화한다. 마지막으로 하루를 정리하는 시간에는 오늘 하루를 평가하고 스스로를 칭찬하는 말을 적는다.

일면 복잡해 보이지만, 며칠만 실천하면 이런 편견은 완전히 사라진다. 우려하는 것만큼 시간이 많이 들지 않을 뿐더러, 하루를 전략적으로 살아내는 재미에 빠져서 어디든 앉기만 하면 저절로 다이어리를 펼치게 된다.

왜 1년이 아닌 한 달을 상상하고 계획해야 할까?

1년 후 내 모습을 상상하고

그 목표와 연동한 계획을 세우는 것은 너무 막연하기 때문이다.

반면에 인생을 상상하는 최소 단위를 한 달로 정한 뒤,

이를 바탕으로 한 달 계획을 세우고

한 달 후의 내 모습을 상상하는 것은 훨씬 구체적이다.

'나의 꿈과 계획이 얼마나 잘 조응하는가'를 끊임없이 체크하면서

매달 실행해나가다 보면 인생의 방향성도 구체적으로 보인다.

내가 상상하는 미래가 한 달의 목표와 연결되고,

일주일 단위 실행으로 구체화되고,

매일 그 계획을 수행하는 행위가 반복되면

비로소 꿈에 한 발 더 다가갈 수 있다.

그래서 한 달 계획만으로도

내가 원하는 삶을 현실로 만드는 마법을 경험할 수 있다.

PART 2

꿈을 현실로 만드는
30일 일상 기록 챌린지

인생의 가능성을 찾는
한 달 기록

한 달은 미래를 현실적으로 가늠하는 최적의 단위이자,
구체적인 아웃풋을 떠올리는 상상의 단위다.

한 달 을

산 다 는 것 의

의 미

"요즘 네가 제일 부럽다."

가끔 친구들을 만날 때마다 듣는 말이다. 웬만큼 부를 이뤄 노후 걱정 없이 은퇴한 친구들조차 이런 말을 하는 건, 그들에게는 더 이상 나처럼 열정을 쏟을 일과 꿈이 없기 때문이다. 하루하루 그저 열심히만 살아온 인생과 반복적으로 상상하며 일상을 기록해온 인생이 이런 차이를 불러왔다고 생각한다.

하지만 여기에서 간과해선 안 될 점이 또 하나 있다. 내가 실천한 '상상하고 기록하는 삶'의 단위가 정확히 한 달이라는 점이다. 대부분의 사람은 미래를 상상하는 단위를 1년 후, 혹은 더 먼 기간으로 상정한다. 하지만 사실 1년 뒤 내 모습을 상상하면서 그에 연동한 계획을 세우는 건 쉽지 않다. 너무 막연하기 때문이다.

물론 보다 먼 미래의 인생을 상상할수록 꿈은 원대해진다. 그러나 그만큼 목표를 달성할 계획은 실제 실행을 위한 계획이 아닌 추상적인 담론에 그칠 가능성이 높다. 반면 상상의 단위를 한 달로 정하고 그에 따라 계획을 세우는 것은 보다 구체적이고 명확해서 실제 실행으로 옮기기가 용이하다. 그래서 나는 한 달에 한 번 반드시 꿈을 상상하는 시간을 가져야 한다고 강조한다. 내 꿈과 연동된 상상을 한 달 단위로 하면서 그에 따라 계획을 세우고 실천에 옮기다 보면 어느덧 내가 원하는 삶, 궁극적인 꿈에 성큼 다가선 나를 발견할 수 있다.

상상을 현실로 만드는 한 달 계획의 마법

일본 유학 시절 나는 늘 박사학위를 받고 교수가 되어 한국에서 활동하는 내 모습을 상상했다. 특히 매달 초에는 마치 사진을 찍듯 아주 구체적으로 그 장면을 상상하면서 되새기는 시간을 가졌고, 지난달 나의 공부 계획이 상상을 현실로 만드는 데 얼마나 헌신하고 있는지 점검했다. 그러면서 다음 달을 보다 더 체계적으로 설계하고 목표 지향적으로 살아낼 힘을 얻곤 했다.

그 상상 덕분에 공부를 미룬적도, 하기 싫다고 생각해본 적도 없었다. 그래도 공부가 잘 되지 않을 때는 테니스를 치고 시원하게 샤워를 마친 후 다시 책상 앞에 앉았다. '최단 기간에 박사학위를 받고 한국에 가서 교수가 된 나의 모습'을 끊임없이 상상했기 때문에 가능한 일이다. 박사과정 2년 차가 지난 무렵에는 내가 상상한 박사 논문이 내 공부의 양과 방향을 규정한다는 것을 체감하고 놀랐다. 그때 나는 상상이 행위와 상호작용하면서 현재의 삶에 직접적인 영향을 미친다는 것을 몸소 깨달았다.

당연히 한 달 계획을 짤 때도 내 꿈을 달성하기 위한 아주 구체적인 로드맵까지 수립할 수 있었다. 꿈을 상상하며 한 달 동안의 공부 계획을 세우니 그 계획을 실행하면 어떤 아웃풋이 남을지 선명하게 그려졌다. 공부할 영역을 정하고, 영역별로 어느 정도의 진도를 나갈지 체계화하는 과정 자체도 즐거운 상상이 되었다. 그 한 달 동안 내 지식의 양과 질이 얼마나 발전할지 구체적으로 가늠할 수 있으니 한 달을 계획하는 일이 즐거운 놀이처럼 여겨졌다.

이처럼 꿈이 명확히 설정되면 그것을 상상하는 시간은 더없이 행복하고, 그 꿈을 이루기 위한 단계도 아주 체계적으로 설정이 가능하다. 이를 바탕으로 내 삶이 지금 어느 단계에 있는지 파악한 후, 지금의 위치에서 달성해야 할 목표치를 월 단위로 분해해서 계획을 짤 수 있다. 이는 꿈과 연관된 구체적 상상을 로드맵으로 체계화하는 작업으로, 익숙해지기까지는 시간이 필요하지만 습관을 들이면 어렵지 않다.

다만 계획을 세울 때는 반드시 지켜야 한다는 강박에서 벗어나야 한다. 주어진 상황과 조건이 매 순간 변하므로, 계획 역시 유기적으로 변하는 것이 당연하다. 한 달은 하루나 일주일과는 달리, 모든 가능성을 열어놓고 변화된 내용을 반영할 수 있는 단위라는 것을 명심하자. 한 달을 상상하고 계획한다는 것은 결국 꿈을 이루기 위한 방법을 자유롭게 모색하는 행위이므로 변화를 두려워해서는 안 된다.

중요한 것은 언제든 변할 수 있는 계획일지라도 궁극적으로 내 꿈과 연동되어야 한다는 점이다. 이 과정에서 시행착오를 반복하다 보면 자신의 능력치를 정확히 알게 되고, 실행의 결과를 통해 자기 나름의 페이스 조절을 할 수 있다. 결국 이것은 나를 제대로 이해하기 위한 과정이다. 그러니 계획을 지키지 못하더라도 자책할 필요는 전혀 없다.

한 달·일주일·하루는 어떻게 꿈과 연동될까

나에게 하루, 일주일, 한 달이라는 단위는 그 기능이 명확히 다르다. 한 달은 불확실한 미래를 현실적으로 가늠하는 최적의 단위이자, 구체적인 아웃풋을 떠올리는 상상의 단위다. 일주일은 인생의 방향을 구체화하고 나의 꿈을 계획 안에 배치하는 전략의 단위이고, 하루는 그날의 주어진 시간과 환경 내에서 계획을 수행하는 실행의 단위다.

이 중 일주일 계획은 목표를 달성하기 위한 세부적인 실행이자 보다 물질화된 계획이다. 내가 상상하는 그 세계로 가려면 이 4주간의 성과가 밑거름이 되어 벽돌처럼 차곡차곡 쌓여야 한다. 가령 무슨 책을 언제까지 읽기, 관련 논문 몇 편 이상 읽기 등이 일주일 계획에 해당한다. 그런데 이 일주일 계획의 실행 가능 여부는 한 달의 계획이 얼마나 잘 짜여 있느냐에 달렸다.

일주일 계획은 매일 반복하는 하루치의 '점형' 행위와 달리 이어짐이 있다. 이어짐에 의한 '선형' 행위의 반복으로 구체적인 그림이 완성되듯, 일주일 단위의 실행으로 꿈은 더 입체적으로 형상화된다. 하루치의 성과를 통해서는 얼마나 성장했는지 느낄 수는 없지만 일주일 동안의 성과는 느낄 수 있다. 선형 행위의 성과가 쌓이고 쌓여 한 달의 목표에 이른다.

이처럼 내가 상상하는 미래가 한 달의 목표와 연결되고, 일주일 단위의 전략으로 구체화되고, 매일 계획을 실행하는 행위가 반복되면 비로소 꿈에 한 발 더 다가갈 수 있다. 또한 '나의 꿈(목표)과 한 달이 얼마나 잘 조응하는가'를 끊임없이 체크하면서 월간 단위로 계획을 세우다 보면 인생의 방향성이 보인다. 그래서 '내가 그리는 인생과 나의 한 달이 얼마나 잘 어울리는가?'를 매달 파악하는 것이 중요하다.

매달 마지막 날 저녁, 나는 지난 한 달을 기억하고 점검하는 시간을 갖는다. 다이어리를 펼치고 일상 기록과 메모를 보며 한 달을 복기하면 특정 사건이나 이벤트가 뇌리를 스친다. 주로 일상에 '쿵' 하고 다가왔던 임팩트 있는 일들을 중심으로 기억이 나는데, 이는 하루나 한 주를 기억하는 과정에서는 발견할 수가 없다. 한 달 단위로 생각해야 나에게 영향을 끼친 의미 있는 일과 만남, 행위와 감정이 떠오른다.

이런 기억을 복기하는 건 일상을 예민하고 충만하게 느끼는 감각을 훈련하는 과정이기도 하다. 아울러 다음 한 달을 계획하고 기록하는 원동력이 되어준다. 지난 한 달의 활동 중에 내 꿈과 연관된 것이 무엇이었나를 파악하는 과정에서 다시 한번 꿈을 상기시킬 수 있기 때문이다.

꿈과 목표를 잇는

삶의 방향성을

찾 아 라

내가 강연이나 유튜브 방송을 할 때 자주 인용하는 책 중 하나가 《백만장자 시크릿》이다. 이 책에서 저자인 하브 에커Harv Eker는 '돈'에 관한 이야기를 하고 있지만 그것은 삶의 어떤 목표로든 치환해서 생각할 수 있다. 하브 에커가 말하는 부자가 되는 길인 '생각하고 느끼고 행동하라'는 기록을 생활한 사람이라면 누구나 공감하는 강력한 메시지다.

내가 한 달을 계획할 때 반드시 들어가야 한다고 주장하는 것도 '내 인생의 목표를 정하는 일'이다. 인생의 목표를 정하는 구체적인 방법으로는 자기선언하기, 인생지도 그리기, 버킷리스트 상상하기, 루틴으로 실행하기 등이 있다. 이 요소들은 내 꿈과 조응하는 한 달 계획을 세우기 위한 핵심 요소다. 이를 바탕으로 한 달, 일주일, 하루가 어떻게 연동되는지에 관한 구체적인 로드맵을 확인하면 일상 기록을 위한 확실한 동기부여를 얻게 된다. 각각의 요소를 하나씩 살펴보자.

자기선언하기 - 꿈을 언어로 구체화하기

자기선언은 이루고 싶은 나의 모습, 궁극적으로 도달하고 싶은 꿈을 언어로 구체화하는 것이다. 머릿속으로 그리던 꿈을 선언함으로써 목표를 구체화하고 강력한 동기를 부여하는 역할을 한다. 그래서 나는 평소 자기선언이 꿈을 이루기 위한 최고의 방법이라고 말하곤 한다. 앞서 말했듯 나의 한 달 계획은 상상에서 출발하는데, 이 모습을 자기선언 형식으로 기록하면 그 자체로 성공에 이를 수 있다는 강력한 암시가 된다.

나는 매일 아침 '이룸 모닝 루틴'을 진행한다. 이룸 모닝 루틴은 성장의 기쁨을 경험하고 싶은 회원들과 함께 매일 아침 5시에 독서와 공부를 하는 프로그램이다. 여기서 나는 회원들과 함께 매일 자기선언을 한다. 선언을 할 때는 두 가지 조건이 필요하다. 마음속 깊은 곳에서 우러난 것이어야 하고, 아주 미세할지라도 매일 선언을 향해서 다가가는 노력을 기울여야 한다.

　나의 자기선언은 다음과 같다. 첫째는 '이타성의 자기계발을 하는 10만 네트워크의 운영자'이고, 둘째는 '인간과 자연의 존재를 만나는 자유로운 여행작가'다. 자기선언을 할 때 주의해야 할 점은 선언의 내용을 이루면 다른 것들이 함께 좋아지는 '핵심 동인'이어야 한다는 것이다. 나의 자기선언인 '10만 네트워크의 운영자'가 되면 나의 책과 교육 사업이 모두 성장한다. 나는 이 네트워크가 단순히 교육 사업의 고객이 아니라, 이타성의 자기계발을 원하는 공동체로 형성되길 바라는 것이다.

자기선언 시 주의할 점

1. 선언을 이루면 다른 것들이 함께 좋아지는 '핵심 동인'일 것.
2. 선언에 등장하는 수치나 직업 등이 매우 구체적일 것.

자기선언을 할 때 또 다른 주의점은 내용이 구체적이어야한다는 것이다. '10만 네트워크'와 '여행작가'처럼 수치와직업 등으로 구체화하는 게 좋다. 상상이라고 해서 추상적으로 기술한다면 현실화하려는 절실함이 부족해질 우려가있다.

나는 자기선언의 상상이 현실에서 작동한다는 것을 매 순간 느낀다. 당연히 이를 위해 구체적인 노력을 하게 되므로자기선언의 실현 가능성은 훨씬 더 높아진다.

인생지도 그리기 - 꿈을 내 삶의 영역으로 가져오기

자기선언과 함께 한 달 계획에서 중요한 것은 인생지도를 그려보는 일이다. 인생지도 그리기는 나의 꿈과 목표를상기하면서 삶의 방향을 잡고 이를 위해 어떤 변화를 꾀해야 하는지 고민하는 과정이다. 나다운 삶을 살기 위한 구체적인 노력이기도 하다. 인생지도 그리기는 자신의 꿈과 목표를 가운데에 두고 매달 현재 자신을 둘러싼 여러 가지 상황과 깨달음을 비교하는 장치다. 막연한 생각에서 벗어나실제로 행동하게 하는 원동력이 된다.

인생지도 그리기의 핵심은 구체적인 삶의 영역인 일, 성장, 놀이와 쉼, 가족, 관계 이 다섯 가지를 상상하고 어떤 아웃풋을 낼 것인지 기록을 통해 명시화하는 것이다.

첫 번째 영역, '일' 상상하기

일 영역 상상하기는 한 달 동안 해야 할 일에 대해 상상하는 것으로 단순한 계획이 아니다. 일의 결과물인 아웃풋을 구체적으로 떠올리는 것까지 아우른다. 가령 내가 이번 달에 '이룸넷 디자인 전면 개편'이라는 계획을 세우면 계획에서 그치는 것이 아니라, 개편된 사이트의 모습과 그것을 사용하는 내 모습까지 상상해본다. 이 과정에서 디자인을 개편하려면 어떤 디자인을 참고해야 하는지, 누구에게 의뢰해야 하는지, 트렌디한 감각을 키우려면 어떤 노력을 해야 하는지 등에 대한 그림도 아주 구체적으로 그려진다.

두 번째 영역, '성장' 상상하기

공적인 업무 외에 다른 차원에서 나를 성장시키기 위해 노력해야 할 일들을 상상해보는 것이다. 꿈과 관련된 것들이 여기에 해당한다. 물론 성장은 일과 관련해서 가장 두드러지게 예측되지만 그 외 내 삶을 구성하는 여러 가지 요소

〈 삶의 5가지 영역 〉

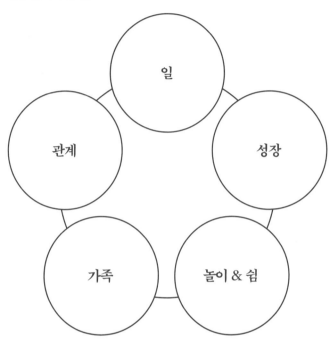

를 통해서도 이루어진다.

일례로 독서와 강의 듣기를 비롯한 지적 활동들이 여기에 해당한다. 독서나 공부를 계획하고 지식 기록을 써보면 월초 나의 지식 상태와 월말의 지식 상태가 얼마나 달라졌는지 체감할 수 있다.

실제로 나는 성장 영역에 노래 연습을 포함시킨다. 합창

이 나의 일상에 활력을 불어넣는 결정적인 요소이기 때문에 단순한 취미가 아닌 성장의 영역에 포함시켜 한 달 간 어떤 성장을 이루어낼 것인지 구체적으로 상상한다. 한 달 동안의 상상과 계획이지만 이것이 반복적으로 이루어지고 아웃풋까지 만들어내면, 그 뒤로 선택과 집중을 통해 남은 시간과 에너지를 다른 영역에 쓸 수도 있다.

세 번째 영역, '놀이와 쉼' 상상하기

일과 공부에 관해서는 어느 누구보다 열심히 계획을 세우지만 '놀이와 쉼'에 대해서는 상상은커녕 계획조차 하지 않는 사람이 많다. 하지만 일과 성장만큼이나 놀이와 쉼에 대한 상상을 중요하게 생각하길 바란다. 이것을 반복하면 살면서 꼭 이루고 싶은 버킷리스트가 자연스럽게 생기고 그것은 고단한 일상에 든든한 버팀목이 된다.

즐겨 보는 드라마의 주인공이 연인과 함께 요트를 타고 와인을 마시는 모습이 너무 근사해 보일 때가 있다. 그때 나도 언젠가는 저렇게 요트를 타고 와인을 마셔보고 싶다는 상상을 해본다. 당장 다음 달에 이루어질 꿈은 아니지만 상상만으로도 즐겁지 않은가. 타인의 화려한 삶을 그저 부러워하는 것과 그것을 나의 미래 삶으로 상상하는 것은 완전히 다른 차원의 일이다. 부러워하기만 하면 타인의 삶을 질투하는 것에서 멈추지만, 상상하면 나의 삶이 된다.

나는 계속 상상하고 생각하면 반드시 현실이 된다고 믿는다. 그것을 실현해낼 구체적인 계획이 자연스럽게 월간 다이어리 속에서 수립되니 현실화되지 않는 것이 오히려 이상하다. 한 달 동안 놀이와 쉼과 관련해서 어떤 이벤트를 할 것인지 상상해보자. 상상하는 것만으로도 즐거워질 뿐 아니라 그것을 이루기 위해 노력하는 과정에서 또 다른 성장의 기쁨을 맛볼 수 있다.

네 번째 영역, '가족' 상상하기

한 달 계획을 세우면서 가족을 떠올리는 사람은 드물다. 가족 관계에 대한 상상은 다른 관계적 삶과의 상상과도 맞물린다. 나는 가족과 함께하는 내 모습을 상상하면서 언제 가장 행복한가를 떠올린다. 그런 상상을 하다 보면 가족이 다 함께 모여 저녁을 먹고, 1년에 몇 번은 가족여행을 다니는 내 모습이 떠올라 나도 모르게 행복해진다.

하지만 일요일에는 아무도 없이 혼자 있는 나를 상상한다. 그날만큼은 완전히 자유로운 하루로 온전한 나만의 시간을 갖는 걸 꿈꾼다. 이런 상상은 한 달 계획뿐 아니라 좀 더 먼 미래의 삶과도 연관이 있다.

전업주부들은 하루 종일 분주하지만 무엇을 위해 바쁘게 움직이는지 의미를 찾지 못하는 경우가 많다. 가정생활을 유지하는 데 많은 시간과 에너지를 쓰지만 상대적으로 만족감은 덜해서다. 이때 가족 모두가 행복감을 느끼는 모습을 상상하다 보면 자연스럽게 자신의 역할과 실질적으로 투여하는 에너지의 크기를 줄일 수 있다.

그래서 특히 전업주부들은 인생지도에서 반드시 가족을 상상해야 한다. 그 안에서 내가 행복감을 느끼는 순간을 떠올려보면 중요한 것과 덜 중요한 것이 자연스럽게 구분되고 나를 위한 시스템을 만들 기회도 찾게 된다. 뿐만 아니라 내 삶의 중심을 가족이 아닌 다른 것으로 대체하는 상상을 할 수 있다.

다섯 번째 영역, '관계' 상상하기

학교와 직장에서 늘 만나는 사람뿐 아니라 프로젝트로만 얽힌 사람 혹은 일상적인 친분을 나누는 사람까지 나를 둘러싼 관계는 다양하다. 한 달 계획을 세우기 위해 이들을 떠올려보면 익숙한 관계도 새롭게 다가온다.

회사 내에서도 진행하는 프로젝트와 관련해서 먼저 만남

을 청해보고 싶은 사람이 떠오르고, 상사를 대하는 태도를 어떻게 해야겠다는 다짐도 하게 되고, 바쁘다는 핑계로 연락이 뜸했던 친구에게 안부 전화를 해봐야겠다는 생각도 하게 된다. 먼저 연락해서 뮤지컬을 보러 가자고 제안하고 싶은 사람, 함께 맛있는 음식을 먹고 싶은 사람 등 아주 구체적인 상상을 해볼 수 있다. 이런 상상을 하면 특정 관계별로 해야할 일의 단위를 산정하는 태스크task가 나온다.

나는 주기적으로 '인간관계의 클러스터cluster 지도'를 그리곤 한다. 시기별, 직장별, 관계의 종류별로 지인들을 떠올려보면서 그들과의 관계를 재정의한다. 이 과정 속에서 관계별 태스크가 정해진다. 업무상 이번 달에는 꼭 연락을 해서 만나야 할 사람, 소원해진 관계를 회복하기 위해 안부 인사라도 전해야 할 사람, 자연스럽게 잊혀질 사람 등이 구체적으로 정리된다. 그러면서 그들과의 만남에서 무엇을 해야할지도 구상하게 된다. 이것이 바로 관계별 태스크다.

인간관계도 선택과 집중이 필요하다. 이를 위해 계획을 세우는 것은 당연한 일이다. 인간관계를 계획하는 것이 무슨 의미가 있을까 싶겠지만, 바쁜 일상에서 보고 싶고 무언가를 함께하고 싶은 사람을 떠올리며 그들과의 만남을 상상하는 것은 그 자체로 일상에 생기를 불어넣어준다.

자기선언과 인생지도로 '되고 싶은 나'와 조우하라

정말 신기하게도 이 다섯 가지 영역을 상상하면, 내 인생 지도가 제법 구체적으로 그려지고 덩달아 내 꿈도 보다 더 선명해진다. 딱 1년만 월간 다이어리를 꾸준히 쓰면 경향성이 생기므로 인생의 방향성을 가늠할 수 있다. 인생지도의 중심에는 꿈이나 목표를 구체적으로 적는다. 직업명, 프로젝트명, 목표 수치, 돈의 액수 등 무엇이라도 괜찮다. 가능한 한 구체적으로 쓰는 것이 핵심이다.

인생지도의 다섯 가지 영역별 내용을 작성할 때는 'As-Is'와 'To-Be'로 작성해보길 추천한다('As-Is, To-Be 분석'은 'Chapter 9 선택주도형 인간'에서 자세히 기술했다). '지난날의 나'와 '되고 싶은 나'의 모습을 써서 구체적으로 명시화하는 동시에 나의 꿈이나 목표와 조응하는지를 비교하는 최적의 수단이다.

이렇게 꾸준히 쓰면 나의 잠재된 욕구가 드러난다. 가령 평소에는 재테크에 별 관심이 없는 듯 행동하지만 실제로 한 달 계획을 세우면서 꿈을 상상하다 보면 내가 돈에 관심이 많다는 걸 발견할 수 있다. 이는 일상적인 대화나 발화 행동이 인간의 정체성을 규정하는 데 기여한다는 '수행성'

논리와도 연관이 있다. 즉, 말과 글을 통해 행위한 것이 진실일 가능성이 높다.

또 다른 예로 '놀이와 쉼' 영역에서 여행에 대한 상상을 구체적이고 반복적으로 한다면 자신의 삶에서 가장 큰 즐거움은 여행이라는 답을 얻게 된다. 내가 하는 일은 논리적인 일이지만 내가 추구하는 것은 감각적이고 감성적인 것이라는 의외의 깨달음을 얻을 수 있다.

실제로 이 다섯 가지 영역에 대한 상상은 내가 기록학자에서 '10만 네트워크의 운영자'와 '사람과 자연의 존재를 만나는 여행작가'로 사는 꿈을 아주 구체적으로 꾸게 된 원동력이기도 하다. 과거 나의 다이어리에서 반복되는 키워드는 돈, 나눔, 여행, 사람, 성장, 자유였다. 이는 곧 내 삶의 방향성이다. 이것을 믿었기 때문에 과감하게 대학 교수를 그만두고 지금의 사업을 시작할 수 있었다.

그리고 현재 나는 나의 꿈이 담긴 자기선언을 이루기 위해 '아이캔 대학'을 운영 중이다. 아이캔 대학에서 공부하는 사람들이 서로가 서로에게 멘토와 멘티가 되어주면서 지속적으로 자기성장이 가능한 이타적 공동체를 만들어나가기 위해 노력하고 있다.

또한 나는 사람과 자연의 존재를 만나는 자유로운 여행작가를 꿈꾼다. 어두운 오솔길을 걷다가 갑자기 펼쳐진 넓은 구름이나 기가 막히게 멋진 큰 나무를 마주하는 것과 같은 환희적인 만남을 이어가는 여행을 글로 남기는 작가가 되고 싶다. 아직은 상상 속의 모습이지만 다이어리에는 그 꿈과 조응하는 계획들이 차곡차곡 기록되고 실행되고 있다.

버 킷 리 스 트 로

꿈 을   선 명 하 게

그   려   라

누구나 나만의 버킷리스트가 있다. 다만 그것을 구체적으로 기록하면서 주기적으로 상상하는 사람보다는 막연히 하고 싶은 또는 갖고 싶은 버킷리스트를 가진 사람이 훨씬 더 많다. 어떤 사람들은 타인에게 보여주고 싶은 내 모습을 버킷리스트로 착각한 나머지 이를 '도장 깨기' 도전쯤으로 여기기도 한다.

하지만 진정한 버킷리스트는 내가 '정말 하고 싶은 것'과 '꿈'이 조응했을 때 드러나는 구체적 행위의 목록이다. 훨씬 내밀한 자기욕구에 기반해서 상상한 것으로, 결과적으로 내 꿈의 모습과 밀접한 연관을 맺고 있다. 즉, 내 마음의 역동성을 되찾는 작업이다.

버킷리스트가 갖는 또 하나의 중요한 의미는 삶의 유한성과 연관이 있다. 인간은 스스로 삶과 죽음을 주관할 수 없다. 다만 그 삶에 가치를 더하는 행위는 선택할 수 있다. 그래서 죽기 전에 꼭 해보고 싶은 버킷리스트는 인간이 유한한 존재로서 생의 의미를 상상하는 하나의 행위 패턴이다.

버킷리스트의 의미를 이해한 후 버킷리스트를 상상할 때에는 약간의 치열함과 긴장감을 느껴야 한다. 그런데 '죽기 전에 내가 하고 싶은 건 뭐지?'라고 막연하게 생각하면 버킷리스트에 진정성이 깃들지 않는다. 세계여행이나 경제적 자유 등 남들도 생각하는 두루뭉술한 리스트 몇 개를 쓰다가 멈추게 되고, 이것은 현재 나의 삶에 아무런 영향을 미치지 못한다.

따라서 막연한 희망사항이 아니라 떠올릴 때마다 가슴을 설레게 해서 일상을 살아가는 데 활력이 되는 구체적인 버킷리스트를 찾아야 한다. 이를 위해서는 자신의 내면과 소통하면서 내가 진정으로 원하고 좋아하는 욕구의 실체를 파악하는 것에서부터 출발해야 한다.

한 달 계획에서 버킷리스트가 중요한 이유

나는 분기별로 버킷리스트를 쓰고 있다. 이는 월간 다이어리의 한 달 계획에 아주 중요한 역할을 한다. 한 달 계획의 핵심은 상상이고, 버킷리스트 작성이야말로 가장 행복하고 즐거운 상상이다. 또한 이는 내 꿈의 보다 세부적인 내용이자 내가 지향하는 라이프 스타일이기도 하다.

현실을 살아가면서 나의 진정한 바람을 찾고, 하고 싶은 걸 상상하려면 나의 본원적인 욕구를 알아야 한다. 흔히 "나도 내 마음을 모르겠다"라고들 하는데, 사실 메모와 기록을 꾸준히 하다 보면 부지불식간에 마음속 심연의 욕구를 마주하게 된다. 현대의 삶은 망각을 강요하기 때문에 자신이 원하는 것을 쉽게 잊어버린다. 틈틈이 자신의 욕구를 기록하고 그것의 방향성을 파악하면 나만의 버킷리스트가 만들어진다.

무엇보다 버킷리스트를 지속적으로 쓰다 보면 이것이 정말 내가 좋아하고 꿈꾸는 삶인지, 다른 사람들이 원하는 삶의 모습을 내가 무작정 선망하는 것인지 알게 된다. 즉, 나의 근원적인 욕구의 산물인지 아닌지를 계속 의심하게 된다. 이처럼 버킷리스트를 상상하고 기록하는 것은 자신의 내면을 들여다보는 중요한 작업이다.

그래서 나는 버킷리스트를 쓰기 전에 '어릴 적 나'를 상상해보라고 조언한다. 어릴 때 내가 무엇에서 행복을 느꼈는지 그 기억을 더듬어가다 보면 내면 깊숙한 곳에 잠재한 진짜 욕구를 만나게 된다. 이는 일상 기록이 생활화되면 훨씬 유리하다. 자기 역사 쓰기를 하면 과거에 욕망했던 것들이 무엇인지 구체적으로 알 수 있고, 그것이 가능해지면 버킷리스트는 훨씬 더 선명하게 드러난다.

어릴 적 우리 가족은 사촌들과 서울 불광동 근거리에 모여 살았다. 어느 날 사촌들이 북한산성에 위치한 집 근처의 수영장에 가는데 나 혼자만 갈 수가 없었다. 아마도 우리 가족의 경제적 어려움이 이유였을 것이다. 그때 수영장에 못 간 억울함은 아직도 내 기억에 선명하게 남았다. 기록을 통해 이와 비슷한 기억들이 어른이 된 후에도 뇌리에서 떠나지 않았다는 걸 깨닫게 되자 '내가 하고 싶은 것을 경제적인 이유로 하지 못하는 상황은 만들지 않겠다'는 꿈이 생겼다.

이렇게 내면과의 진솔한 대화를 통해 길어 올린 버킷리스트는 절절할 수밖에 없다. 이는 성공해서 큰돈을 벌겠다는 막연한 꿈과는 절실함의 정도가 다르다.

하브 에커의 돈과 관련한 버킷리스트 중 하나도 나의 버킷리스트와 비슷한 뉘앙스를 갖고 있다. "레스토랑에서 '시가'라고 적힌 메뉴를 거리낌 없이 주문해서 먹을 수 있는 사람이 되자." 놀랍도록 구체적이고 절실한 버킷리스트가 아닌가. 이렇게 뚜렷한 버킷리스트는 목표를 이루기 위한 계획을 세우게 하고 실행하게 해주는 강력한 원동력이 된다.

버킷리스트는 어떻게 일상을 바꾸는가

행복한 '미친 짓'을 실천하고 있는 친구들에게 가장 필요한 선물을 흔쾌히 하는 나. 이것은 나의 버킷리스트 중 하나다. 은퇴 후 광주에서 목공연합을 만들어 행복한 미래를 그리고 있는 친구들을 위해 천만 원이 넘는 목공기계를 구입하고, 그 기계가 도착한 날 광주로 내려가서 깜짝 선물을 하는 나의 모습은 언제 떠올려도 뿌듯하다.

물론 이 모든 상황은 상상이다. 하지만 이런 나의 상상은 결국 현실이 될 것이다. 나의 이 버킷리스트 덕분에 내가 '나눔'에서 행복을 느낀다는 것을 알았고, 이미 나눔과 관련한 실천을 하며 살고 있기 때문이다. 이처럼 나의 버킷리스트는 현재 나의 행위에 상당 부분 반영되고 있다.

버킷리스트란

1. 유한한 삶의 존재로서 생의 의미를 상상하는 하나의 행위 패턴이다.
2. 목표를 이루기 위한 실행을 가능하게 하는 강력한 원동력이다.
3. 상상 속에 존재하면서도 엄연히 현재에 영향을 미친다.

　나의 또 다른 버킷리스트는 '4중창단과 반주자로 꾸려진 5인 그룹을 만들어 합창 공연을 여는 것'이다. 이 버킷리스트는 내 인생에서 중요한 가치인 '자유'와 연관된다. 나는 이 꿈을 위해 매주 합창 연습을 하러 간다. 내 마음을 자유롭게 표현하면서 아름다운 화성을 만들어낼 때마다 황홀경에 빠진다. 공연을 하는 것이 버킷리스트이긴 하지만, 이 연습 자체도 나의 일상에 활력을 주는 아주 중요한 행위이다.

　이렇게 나의 버킷리스트는 상상 속에 존재하면서도 엄연히 현재에 영향을 미치고 나의 여러 행위에 반영되고 있으며, 내 삶을 역동적으로 변화시킨다. 그래서 나의 버킷리스트는 분기별로 약 20퍼센트 정도 바뀐다. '그때의 나'와 '현재의 나'는 절대 같지 않다. 우리는 아무런 자각 없이 살아도 생성과 소멸을 반복하는 존재다. 그런데 이는 끊임없이 내면 소통을 하는 사람만이 느끼는 차이다.

내면 소통을 즐겁게 반복하는 방법이 바로 버킷리스트를 상상하고 한 달 계획을 세우는 것이다. 매달 이런 소통을 반복하면서 기록하면 상상이 현재가 되어 행위로 이어진다. 그래서 상상의 단위로 한 달을 계획할 때 버킷리스트를 쓰는 게 중요하다. 버킷리스트의 방향성을 한 달의 과제로 치환하고 상상하는 것이 바로 한 달 계획이다.

인 생 습 관 을

만　　드　　는

루 틴 챌 린 지

　한 달 계획을 세울 때 반드시 기록해야 하는 마지막 요소는 습관 점검과 루틴 설계다. 습관 점검은 '이런 습관을 가졌으면 좋겠다'는 바람을 담아 쓰는 게 아니다. 습관을 월 단위로 점검하는 것의 목적은 지난달에 내가 어떤 습관을 갖고 있었는지 세세하게 쓰는 과정에서 그때의 감정 상태와 나의 태도 등을 구체적으로 떠올리는 데 의미가 있다.

　매달 습관을 점검하라고 하면 "타고난 습성이 바뀌기가 어려운데 매달 쓸 게 있을까요?"라고 반문하는 사람들이 있다. 습관은 타고난 것이고 바꿀 수 없다는 편견 때문이다. 하지만 한 달 동안의 일상 기록을 통해 습관을 점검해보면 곱 씹어볼 만한 좋은 습관과 나쁜 습관이 매달 조금씩은 다르 다는 걸 알게 된다.

습관 점검은 자신의 삶을 진지하게 생각하는 과정에서 잠 재된 능력을 끌어내는 매개 역할을 한다. 나는 어떤 장단점 을 가진 사람인지 구체적으로 파악하면서 단점은 개선하고 장점은 루틴화해서, 원하는 성과를 달성하는 데 큰 도움이 된다.

매달 습관을 점검하고 기록하는 이유

'아이에게 똑같은 말을 반복하는 습관이 있었네. 왜 그랬 을까?', '회의할 때 너무 인상을 쓰고 앉아 있었군. 다른 사 람들이 불편했을 텐데', '지난달에는 술자리가 너무 잦았네. 아침마다 일어나기 너무 힘들었어' 등 한 달 동안 자신의 좋 지 않은 습관을 구체적으로 떠올려보자. 나쁜 습관을 복기 하는 과정에서 자연스럽게 이번 달 핵심성공요인도 생기게 마련이다. 이는 일주일 계획과 하루 계획의 요소 중 하나인 '평가하기' 과정에서 보다 더 구체적으로 드러난다. 이렇게 한 달, 일주일, 하루 계획은 유기적인 관계가 있다.

'지난달에는 아침마다 4시 40분에 일어났네', '일이 바빴는데도 주 2회 헬스장에서 가서 열심히 운동을 했네' 등 좋은 습관도 써보자. 일상에 긍정적인 영향을 미치는 좋은 습관을 정리하다 보면 자기 효능감이 높아지고 그 달의 과제와 연결시킬 수 있다. 가령 이번 달에 해야 할 핵심 과제가 다섯 개라면 그중 세 개는 루틴 설계와 습관화로 달성해낼수 있다. 일찍 일어나는 습관에 의해서 일의 퀄리티가 높아지고 다른 영역에 할애할 시간이 늘어나면 일상에 좀 더 여유가 생긴다.

나의 월 단위 과제 중 '에리히 프롬Erich Fromm의 3부작을 모두 읽고 지식 기록으로 남겨서 라이프 스타일에 대한 영상 만들기'가 있었다. 그런데 읽어야 할 자료들이 늘 있기 때문에 정해진 기간 안에 책 세 권을 읽고 목표한 아웃풋을 완성하려면 별도의 조치가 필요했다.

이때 나는 '매일 손에 책을 들고 다니는 습관'을 그 달 과제에 추가해 목표를 이룰 수 있었다. 한 달 동안 이 책들을 스마트폰처럼 늘상 들고 다니면서 시간과 장소에 구애받지 않고 틈날 때마다 읽는 습관을 설계한 것이다. 즉, '이번 달에는 에리히 프롬의 책 세 권을 손에 들고 다니기'라는 단순한 습관을 설정하고 실행하는 것만으로 이 목표는 달성된다.

이런 사소한 습관이 인생의 격차를 만든다. 나에게는 '벌떡 습관'이 그것이다. 일본 유학 시절에 논문을 준비하면서 막 태어난 첫아이를 돌봐야 하는 상황에 놓였다. 하지만 최단 기간 박사학위를 받겠다는 목표가 너무나 분명했기에 학업과 육아를 병행하기 위한 방법을 찾아야만 했다. 그때 가장 중요한 영향을 미친 것은 벌떡 습관이었다.

아이가 잠시 잠이 들거나 심지어 우유를 먹다가 멈출 때도 책을 펼쳐서 공부했는데 그렇게 시간을 쪼개서 공부하면서도 힘든 줄 몰랐다. 아기를 너무 좋아했기 때문이기도 했지만, 벌떡 습관으로 누적한 공부의 양이 만만치 않다는 것을 알고 있었기 때문이다. 아무리 어려운 일도 누적의 힘을 믿고 벌떡 습관으로 해내는 사람과 그렇지 않은 사람과의 인생 격차는 점점 더 커질 수밖에 없다.

습관만큼이나 중요한 것이 루틴이다. 흔히 루틴을 습관과 동의어로 생각하는데, 내가 말하는 루틴은 습관과 다르다. 루틴은 내가 어떤 목적, 의지를 갖고 의식적으로 지키는 일종의 '규칙'이다. 나는 글쓰기와 독서 루틴뿐 아니라, 여행 작가로서의 내 꿈과 관련해서 박물관 조사 루틴을 반복하고 있다. 전 세계 박물관을 선별하고 자료를 취합하는 일인데 매일 아침에 6시에서 딱 15분 동안만 박물관 사이트를 들어가서 자료를 찾는다. 책 집필을 위해서는 매일 점심 먹고 오후 1시에서 1시 40분까지 책상이 아닌 회의 테이블이 앉아서 글을 쓰되, 다른 시간에는 집필을 하지 않는다는 루틴을 정했다. 어쩌다 못 지킬 때만 밤에 잠들기 전에 글을 쓴다. 이렇게 루틴을 정해놓고 나면 할지 말지에 대해서는 일절 고민하지 않는다.

"우리가 반복적으로 하는 행위가 바로 우리 자신이다. 그러므로 탁월함이란 행동이 아니라 습관이다." 아리스토텔레스가 한 말이다. 이렇게 좋은 습관이 쌓이고 그것이 임계점을 넘어 양질전환이 되면 그 습관이 인생이 되고 나아가 운명이 된다. 일례로 나에게 벌떡 습관은 삶 자체다. 그래서 매달 습관을 기록할 때 그걸 굳이 습관에 적지 않는다. 그 습관은 이미 완전히 몸에 착 붙어 습관이라고 인식조차 하지 못하는 나의 '개성', 즉 라이프 스타일이 되었기 때문이다.

실행력을 높이기 위한 루틴 설계법

좋은 습관을 들이기가 힘들다면 우선 루틴을 만들어보길

권한다. 루틴은 하기 어려운 일을 보다 쉽게 시도하게 하고 성공으로 이끄는 역할을 하므로, 가장 하기 싫고 달성하기 어려운 것을 루틴화하면 좋다. 매달 상상하는 것을 과제로 치환하면 달성하기 어렵고 하기 힘든 것들도 있다. 하지만 이를 루틴화하면 도저히 못할 것 같은 과제도 그것을 이루기 위한 세부 태스크가 구체화되면서 조금씩 실현시킬 수 있다.

석 달 뒤에 미국 출장을 가야 하는 상황인데 영어를 잘 못한다면 어떻게 해야 할까? 3개월 동안 공부해봤자 달라질 게 없을 거 같고 너무 막연해서 두렵기만 할 수 있다. 하지만 루틴의 힘을 알게 되면 이런 장애에 부딪혔을 때 피하지 않는다. 이를 피하면 더 이상 성장할 수 없고 자유로워질 수 없기 때문이다. 불편함을 피해가면 그 순간은 편안하지만, 그 불편함은 무의식 안에서 여전히 작동한다.

그래서 이럴 때는 핑계를 찾지 말고 단 3개월이라도 영어 공부 루틴을 만들어서 실천해보자. 책 한 권 혹은 프로그램 하나를 정해서 매일 30분씩 딱 3개월만 해보면 하기 전과 후가 어떻게 다른지 체감할 수 있다.

그렇다면 우리 삶에 조용한 반전을 가져다주는 루틴과 습관은 어떻게 다를까? 루틴이 습관과 다른 점은 세 가지 요소의 합으로 완성된다는 것이다. 바로 시간, 장소, 의지다.

가령 회사 업무 중 관련 법규를 모두 이해하고 외워야만 맡은 일에서 전문가 수준에 이른다고 해보자. 그런데 너무 하기 싫고 어렵게 느껴져서 미루고 있다면 '내가 가장 몰입을 잘할 수 있는 시간대에 법규 공부를 한다'는 루틴을 만들어보자. 나의 경우라면 새벽이다. 그리고 법규는 한꺼번에 많이 보지 말고 하루에 두 페이지씩 1년간 지속적으로 반복하자는 계획을 세우고 루틴화하면 자연스럽게 나의 계획 속으로 들어온다. 이를 반복하면 하기 싫다는 생각도 사라지고 어느새 습관이 되고 '할 수 있는 일'이 된다.

독서 루틴을 예로 들어보자. 일상에서 책을 읽는 습관이 자리잡지 않았다면 독서 루틴을 정해보자. 한두 권 읽는 데 성공하면 자연스럽게 습관이 되어서 어느 순간부터는 정해진 장소와 시간이 아니더라도 짬짬이 책을 읽는 자신을 발견할 수 있다.

나의 독서 루틴은 책과 함께 작은 철제 상자를 꺼내놓는 것으로 시작한다. 바로 포스트잇이 담긴 틴 케이스다. 이런 디테일은 정말 중요하다. 이것이 나를 순간적으로 독서에 몰입하게 해서 짧은 시간 집중적으로 읽게 한다.

집에 머무는 시간이 많은 주부라면 집안에 독서를 위한 공간을 별도로 정하면 된다. 베란다에 쓸모없이 쌓여 있는

루틴을 설계하는 3가지 조건

1. 언제 할 것인가? - 시간
2. 어디서 할 것인가? - 장소
3. 얼마나 할 것인가? - 의지

물건들을 싹 정리하고 빈 공간을 마련해서 작은 탁자를 놓고 그 위에 예쁜 화분을 올려놓아보자. 이렇게 공간을 만들고 매일 집안일을 마무리하고 오전 10시부터 두 시간 동안 독서 시간을 갖는다고 정하면 바로 나만의 독서 루틴이 시작된다. 이 루틴을 꾸준히 실행하면 습관이 될 것이다.

'토요일 아침 8시에 카페에 가서 커피를 마시며 딱 한 시간 동안 여행에세이 읽기'라는 루틴을 세우고 이를 잘 지켰으면, 그다음에는 건강서와 재테크 책에도 이 루틴을 적용해본다. 이렇게 세 번만 해보면 일상에서 책을 읽는 습관이 완전히 자리를 잡는다.

월간 다이어리에는 지난 달 루틴으로 실행하고 성공한 것을 좋은 습관으로 기록한다. 하지만 습관이 반복되어서 자신의 라이프 스타일로 굳어지면 그 또한 습관에서는 뺀다. 굳이 쓰지 않아도 몸이 스스로 움직이기 때문이다. 이런 과정이 1년 동안만 이어져도 좋은 습관은 눈에 띄게 늘어나고, 나의 라이프 스타일도 몰라보게 달라진다. 매달 다이어리에 새롭게 쓸 습관이 생기는 이유다.

사람들은 타고나거나 우연히 얻게 된 능력 외에 새로운 능력을 적극적으로 장착하려 하지 않는다. 하지만 이를 매달 루틴을 설계해서 실천하고 기록으로 복기하면 미지의 능력도 하나씩 나의 것이 된다. 루틴 설계를 하는 사람과 하지 않는 사람의 차이는 자신의 한계를 넘어서 자유를 확장시킬 수 있는 사람과 그렇지 않은 사람의 차이와 같다. 다만 루틴과 습관의 범주 바깥에 있는 능력은 별도의 노력을 해야 한다.

한 달 기록으로

상 상 을

구 체 화 하 라

한 달 로드맵을 작성하는 것은 상상이 구체화되는 과정이다. 내 꿈과 연동된 상상을 바탕으로 일, 성장, 놀이와 쉼, 가족, 관계 다섯 가지 영역별로 과제를 설정하면 대개 영역별로 한두 개의 과제가 생성된다.

하지만 이 과제를 한 달 로드맵에 모두 배치할 필요는 없다. 이 중 일부는 루틴 설계나 습관 만들기를 통해 달성하면 된다. 루틴 설계나 습관 만들기가 핵심성공요인이 되는 것이다.

처음 일상 기록을 시작한 사람들에게 나는 한 달 로드맵에 여섯 가지 정도의 과제를 넣을 것을 추천한다. 한 달 로드맵이 나의 꿈과 일주일 계획을 연결하는 매개 역할을 하므로 무리하게 많은 과제를 넣을 필요는 없다.

각각의 과제의 구체적인 실행 주기를 작성할 때는 현실적인 목표를 가늠하는 것이 중요하다. 과제의 목표치를 달성하려면 한 달에 몇 번의 주기와 빈도가 필요한지도 고려해야 한다. 이때는 긍정적인 자세가 필요하다. 목표한 바를 잘해낼 수 있다는 긍정적 기운은 과제를 수행할 때 시너지를 낸다.

한 달 로드맵에서 중요한 것은 '평가하기'와 '칭찬하기'이다. 평가와 칭찬은 이번 달의 과제를 계획하기 전에 시행해야 할 것들이다. 지난달을 돌아보면서 목표한 바를 평가하다 보면 내가 작성한 계획 자체에 문제가 있었다는 것을 알게 될 때가 있다. 지난달 과제를 달성하지 못한 것이 내가 세운 무리한 계획 때문이 아니었는지 점검하면 계획을 세우는 방향성까지 고려하게 된다.

칭찬하기도 마찬가지다. 칭찬하기는 지난달 내가 계획을 실행하는 과정에서 무엇을 잘했는지 점검하면서 나를 보듬는 역할을 한다.

한 달 일상 기록 작성하기

한 달 일상 기록은 구체적인 꿈이나 목표를 상상하는 데서 시작된다. 새로운 인생을 꿈꾸는 가장 설레는 순간이다. 다음에 소개될 '구체적인 꿈을 상상하는 6단계'와 샘플을 참고하여 나만의 일상 기록을 적어보자.

구체적인 꿈을 상상하는 6단계

1단계 | 자기선언하기

2단계 | 인생지도 그리기

3단계 | 버킷리스트 점검하기

4단계 | 습관 점검하기

5단계 | 한 달 루틴 계획하기

6단계 | 한 달 로드맵 작성하기

> "나는 이타성의 자기계발을 하는
> 10만 네트워크의 운영자이다."

> "나는 인간과 자연의 존재를 만나는
> 자유로운 여행작가이다."

자기선언

_____

자기선언 _____

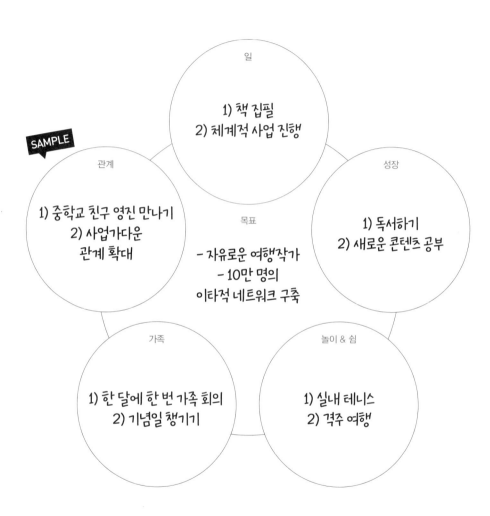

일

1) 책 집필
2) 체계적 사업 진행

SAMPLE

관계

1) 중학교 친구 영진 만나기
2) 사업가다운
관계 확대

성장

1) 독서하기
2) 새로운 콘텐츠 공부

목표

- 자유로운 여행작가
- 10만 명의
이타적 네트워크 구축

가족

1) 한 달에 한 번 가족 회의
2) 기념일 챙기기

놀이 & 쉼

1) 실내 테니스
2) 격주 여행

▼ 나다운 삶을 살아가려면 다음 각 영역에서 어떤 변화가 필요한지 고민하라.

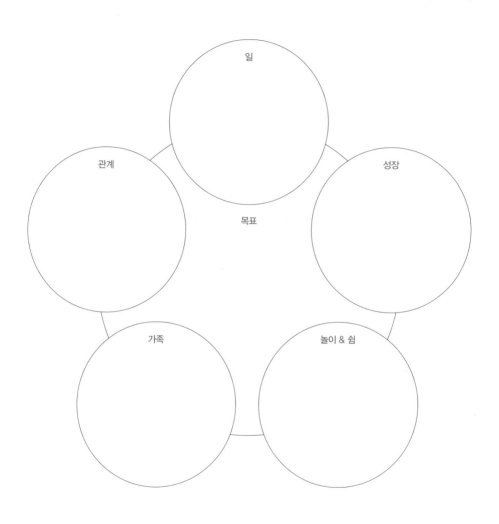

3단계 | 버킷리스트 점검하기

버킷리스트

1. 도서관 짓기

2. 최고의 서점에서 10권 째 베스트셀러 출간 기념회 하기

3. 세계 여행의 사진전 개최하기

4. 피아노와 기타 반주로 노래하는 1시간짜리 무료 공연하기

5. 스위스 인터라켄에서 행글라이딩 하고 내려와 도시락 먹기

▼ 가슴을 뛰게 하는 구체적인 상황을 떠올려 진정한 나의 욕구를 발견하라.

버킷리스트

좋은 습관

나쁜 습관

- 눈 운동 독서 습관
- 벌떡 습관

- 집중력이 떨어져도 미련하게 공부 지속
- 운동 빼먹기

▼ 좋은 습관과 나쁜 습관을 나열해 나의 현재 상황을 진단하라.

좋은 습관

나쁜 습관

5단계 | 한 달 루틴 계획하기

한 달 루틴 챌린지

Title	실내 테니스	Time	수, 일 저녁 8시	Place	연희** 테니스장

Image&Content

수요일과 일요일은 연희** 테니스장에서
40분간 테니스를 칠 것.
기쁨의 사이클 강화하기!

Daily Check   1 2 3 4 5 6 7 8 9 10 11 12 13 14 15 16 17 18 19 20 21 22 23 24 25 26 27 28 29 30 31

한 달 루틴 챌린지

Title	격주 여행	Time	토, 일 격주	Place	부산 · 공주

Image&Content

사전 조사 및 문건 정리
저녁에 여행기 정리

Daily Check   1 2 3 4 5 6 7 8 9 10 11 12 13 14 15 16 17 18 19 20 21 22 23 24 25 26 27 28 29 30 31

한 달 루틴 챌린지

Title	Time	Place
Image&Content		

Daily Check   1 2 3 4 5 6 7 8 9 10 11 12 13 14 15 16 17 18 19 20 21 22 23 24 25 26 27 28 29 30 31

한 달 루틴 챌린지

Title	Time	Place
Image&Content		

Daily Check   1 2 3 4 5 6 7 8 9 10 11 12 13 14 15 16 17 18 19 20 21 22 23 24 25 26 27 28 29 30 31

6단계 | 한 달 로드맵 작성하기

SAMPLE

	1	2	3	4	5	6	7	8	9	10

계획

실내 테니스 5회 이상   ●   ●   ●

《파서블》 내용 수정 완료   ↔   ⟵⟶

말 걷기 여행 2회(영주, 칠곡 성 베네딕도회)

Wellness에 대해 공부   ↔

말 잘하는 법 강의 촬영(책 6권 완독)   ⟵⟶

엑셀러레이터 미팅 및 사업계획서 완성

한 달 평가하기

- 강의 촬영에 대한 마음의 부담.
- 슬럼프가 반복되어 양질의 강의 구상에 실패.
- 강의 촬영에 휘둘려 과감하고 효율적으로 일 처리하는 데 실패.
- 다른 루틴들도 무너져버린 한 달.

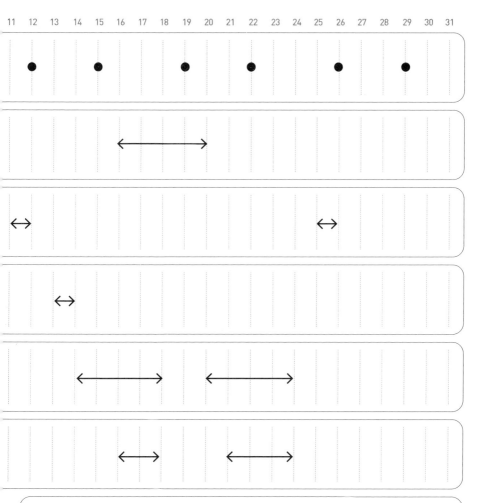

<table>
<tr><td>11</td><td>12</td><td>13</td><td>14</td><td>15</td><td>16</td><td>17</td><td>18</td><td>19</td><td>20</td><td>21</td><td>22</td><td>23</td><td>24</td><td>25</td><td>26</td><td>27</td><td>28</td><td>29</td><td>30</td><td>31</td></tr>
</table>

칭찬하기

- 두려움, 고통 이겨내고 유튜브대학 강의 촬영 완료한 끈기와 지속 노력을 칭찬한다.
- 밥 잘 먹고, 체력 유지하여 감정적 요동 이겨낸 것을 칭찬한다.
- 헤매는 나를 지지해준 동료들께 감사하다.
- 나의 체력을 키워주신 부모님께 감사하다.

▼ 인생지도에 적은 영역별 계획을 포함해 한 달 동안 이뤄낼 과제를 작성하라.

	1	2	3	4	5	6	7	8	9	10

계획

한 달 평가하기

| 11 | 12 | 13 | 14 | 15 | 16 | 17 | 18 | 19 | 20 | 21 | 22 | 23 | 24 | 25 | 26 | 27 | 28 | 29 | 30 | 31 |

칭찬하기

전략적 실행을 위한
일주일 기록

일주일은 인생의 방향을 구체화하고
나의 꿈을 계획 안에 배치하는 전략의 단위다.

일주일은 실행을 위한 전략적 단위이자 인생의 방향을 선택하는 조타수 역할을 한다. 또한 인생의 목표와 행위를 연결하는 실질적인 결절점이다. 물론 한 달이 결절점이 되는 사람도 있다. 이들은 전략적 사고의 능력과 실천력이 상당한 수준에 이른 사람들이다. 하지만 그런 사람은 극히 일부일 뿐 월 단위의 계획이 매 순간 작동하고 머릿속에 청사진처럼 들어가 있는 사람은 거의 없다. 나 또한 한 달의 계획을 머릿속에 세세하게 그리는 것이 쉽지 않다는 걸 깨달은 후 일주일을 실행의 전략적 단위로 삼고 있다.

한 달 계획이 내가 상상하는 인생을 현실화하기 위한 구상이라면, 일주일 계획은 그 구상을 일상에서 실행하기 위한 가장 선명하고 구체적인 청사진이다. 또한 하루 단위가 개별 행위의 성실성에 집중하는 성격을 지닌다면, 일주일은 인생의 방향을 구체화하고 나의 꿈을 계획 안에 배치하는 전략의 성격을 지녔다. 그래서 일주일 계획을 세우지 않으면 삶의 목표가 있더라도 그것과 매일의 일상이 따로 놀게 된다. 결과적으로 의미 있는 성과를 거둘 수 없다.

일주일 계획 없이 일일 계획만 세운다면 결코 꿈과 연동되는 하루를 살 수 없다. '하고 싶은 일'과 '중요한 일'은 하지 못한 채 '해야만 하는 일'로 채워진 하루를 보내는 소모적인 일상이 반복된다.

자신의 삶을 전략적으로 이끈다는 것은 꿈을 잃지 않는 것을 의미한다. 그런데 대부분의 사람들은 나이가 들수록 꿈에 대해 구체적으로 생각하지 않는다. 하지만 인생을 사는데 꿈이 없다면 애써 노력해봐야 진정으로 원하는 성과를 얻지 못한다. 성장하는 삶을 살려면 구체적으로 명시화된 꿈이 있어야 하고, 그것을 이루어내기 위한 행위를 지속적으로 실천해야 한다. 그래서 일주일은 인생의 방향을 구체화하고 나의 꿈을 계획 안에 배치하는 전략의 단위다.

일주일 단위 계획이 중요한 이유

'예술을 사랑하고 인간과 자연의 존재를 만나는 자유로운 여행작가.' 나의 이 꿈은 떠올릴 때마다 너무나 낭만적이지만 그만큼 여러 가지 능력을 요구한다. 《여행의 기술》의 저자 알랭 드 보통Alain de Botton처럼 여행에서 마주하는 장면을 스케치하듯 세밀하게 묘사하는 능력과 그에 준하는 감정 표현 그리고 다양한 정보와 철학적 깊이까지 겸비해야 한다.

이를 위해서 나는 매일 일정 시간 동안 전 세계 박물관 사이트를 서핑하면서 정보를 모으고 머릿속에 박물관 맵을 넣는 루틴을 반복한다. 이는 나의 꿈을 이루기 위한 실천 행위이지만 일종의 루틴일뿐 전략적 단위의 계획은 아니다.

하지만 일주일 계획은 다르다. 내가 상상하고 목표로 삼고 있는 꿈을 이루기 위한 가장 핵심 동력이 되는 과제들을 아주 구체적으로 반영한다. 내 경우 여행작가와 이타성의 자기계발을 하는 10만 네트워크 구축을 위해 지금 준비해야 할 것이 일상의 중심에 적어도 두 가지는 포함된다. 이를 주축으로 업무상 혹은 일상적으로 해야만 하는 일들을 배치한다. 반드시 해야만 하는 일을 실행하는 것만으로도 시간이 모자라면, 꿈을 위한 행위의 비중은 그에 맞춰서 줄인다. 단,

줄이더라도 일주일 단위 계획에 반드시 반영시킨다. 이 계획을 위해 일정 시간을 할애하지 않은 채 그저 바쁘게만 산다면 일상의 행위는 꿈의 실현과는 무관한 것이 되고 만다.

일주일의 계획이 마치 청사진처럼 머릿속에 계속 각인된 상태로 사는 것과 하루하루의 계획 실행에 급급해 일주일을 사는 것은 천지 차이다. 일주일 단위 계획이 하루 계획과 다른 점은 꿈을 입힌 계획이 포함된다는 점이다.

그래서 일주일 계획을 세울 때는 내 삶의 방향성을 고려해야 한다. 물론 그 계획들이 모두 나의 꿈과 조응하지는 않을 것이다. 당장의 생계를 위해 해야만 하는 일들과 일상을 유지하기 위한 반복된 행위들이 일주일 계획의 대부분을 차지할 수도 있다. 하지만 그 가운데 몇 가지 과제만큼은 내 꿈이 깃들도록 노력하는 행위가 바로 일주일 계획을 세우는 이유다.

꿈과 관련한 과제는 일주일에 한두 개 정도만 들어가도 좋다. 예를 들어 인생의 과제 중 하나가 건강한 삶이면 '주 2회 운동' 계획을 배치하는 식이다. '한 달에 열 번 헬스장에 갈 거야'보다 '이번 주에 두 번은 헬스장에 간다'라고 계획을 세우는 것이 훨씬 실천 가능성이 높다. 엄청나게 피곤하고 시간 내기가 힘든 주에는 오히려 적극적으로 안 갈 이유를

136

대서 계획을 세우는 것도 의미가 있다. 변수가 적은 일주일 단위 계획에서는 이런 컨트롤이 얼마든지 가능하기 때문에 일주일은 현실적인 계획을 세우기 좋은 단위다.

무엇보다 계획은 스스로 판단해서 짜야 그 행위의 필요성을 절감하고 적극적으로 실행할 수 있다. 그래서 일주일 계획을 세우는 습관만 잘 유지해도 삶의 방향성을 전략적으로 이끈다. 이때의 방향성은 한 달 계획을 세울 때 작성한 '인생 지도'를 바탕으로 하면 도움이 된다. 이를 바탕으로 계획을 짜면 '내가 스스로 꿈을 주관하면서 살아가고 있구나' 하는 충만함과 자기 효용감을 느낄 수 있다. 그 과정에서 우연한 만남과 나의 의지와는 상관 없이 생긴 운명 같은 기회 등이 결합되면 내 인생이 제대로 작동하고 있다는 긍정적인 감정까지 느낀다.

그것을 가능하게 만드는 것이 바로 일주일 기록이다. 일주일 기록은 스스로의 삶을 기획한다는 자신감을 주고 행운마저 나를 찾아와줄 것 같은 기대감이 들게 한다. 소모적인 일상을 살면서 느끼는 불안과 조바심이 사라지는 것은 당연한 일이다.

일주일을 영화 보듯 기억해야 하는 이유

나는 꽤 오랫동안 토요일 오후 5시에 기록을 위한 혼자만의 시간을 가져왔다. 더 완벽한 기록형 인간이 되기 위해서가 아니다. 한 주를 회상하며 행복을 만끽하는 나만의 의식이다.

이 시간에 나는 '이날 정말 눈코 뜰 새 없이 바빴지' 하며 잘해낸 자신을 칭찬하기도 하고, '아, 내가 그때 이런 기특한 생각을 했구나', '이 사람을 만나면 늘 긍정적인 말을 나누게 되는구나' 등 미처 뇌에 각인시키지 못한 생각이나 경험을 발견해서 다시 머릿속에 누적한다.

이때 나는 지난 한 주를 마치 내가 주인공인 영화를 보듯 회상한다. 영화 속 주인공을 바라보듯 자신이 한 주 동안 해온 행위와 생각의 흐름을 짚어나가면 점형과도 같은 하나하나의 행위들이 어느새 선형으로 연결되어 나의 꿈으로 향하는 것이 느껴진다. 그 순간만큼 스스로가 대견하게 느껴질 때도 없다.

"어떻게 일주일 동안의 일들을 영화 보듯 기억할 수 있나요?"라고 반문하겠지만, 하루를 무사히 보낸 후 자려고 누워서 그 하루를 순차적으로 떠올리는 데 익숙해지면 얼마든지 가능하다.

하지만 한 달은 불가능하다. 한 달은 영역별 목표의 아웃풋 이미지만 겨우 떠올리는 것이 가능한 단위다. 그래서 영화를 보듯 회상하는 생각력의 최대치는 일주일로 보는 것이 현실적이다.

나는 지난 한 주의 일상을 훑어보면서 마치 영화를 보듯 회상하기를 반드시 해보라고 권한다. 만약 잘 기억나지 않는다면 다이어리를 펴보아도 괜찮다.

예를 들어, 토요일에 지난 월요일을 떠올린다고 생각해보자. 휴일 다음날인 월요일의 약간 긴장된 출근길 풍경과 오전에 있었던 주간 업무회의의 분위기, 오후 미팅과 보고서 작성을 끝으로 지친 몸을 이끌고 퇴근하는 나의 모습…. 물론 다 기억나지는 않는다. 그럴 때 다이어리를 편다. 하루 계획을 보면서 내가 그날 핵심적으로 하려고 했던 것들을 상기해보면 서서히 떠오른다. '맞아, 맞아. 이때 그랬지' 하면서 단편적이더라도 그 당시 나의 표정, 몸의 느낌과 감정, 어딘가로 이동할 때 보고 듣고 느낀 감각도 조금씩 느껴진다. 이를 끝까지 하고 나면 남다른 쾌감이 든다.

그리고 여기에 재미있는 포인트가 있다. 그 당시 상황을 되뇌며 회상하다 보면 일주일 전 과거의 나에게 마치 빙의하듯 몰입한다. 그러면 혼자 피식 웃을 일도 꽤 많다. 과거의 좋았던 경험을 기억하고 빙긋이 웃으며 제삼자의 시선에서 바라보는 경험을 매주 하게 된다. 물론 실수나 잘못을 저질러 후회되는 상황도 있을 것이다. 하지만 지난 일들을 일정한 시간을 두고 회상하면 거기서 얻는 교훈이 있고 자신을 보듬어줄 마음의 여유가 생긴다.

일주일을 영화를 보듯 돌려보면 생각력을 키울 수 있을 뿐 아니라, 나 자신이 대견하다는 생각마저 든다. 하지만 일주일이 아닌 그날 당일 내가 한 행위를 떠올려보면 대개는 단점만 보인다. '아침에 좀 더 일찍 일어날 걸', '오후에 사담을 많이 해서 할 일을 마무리하지 못했네' 등 부족한 점만 떠오른다. 이는 뉴스와 다큐의 차이와도 같다. 둘 다 사실을 다루지만 뉴스는 비평이고 다큐는 진실이다. 평범한 사람의 이야기를 뉴스로 접하면 별 느낌 없이 냉정하게 판단하게 되지만, 다큐 형식으로 접하면 머리가 아닌 마음으로 이면의 진실을 보게 된다.

한 주간의 나를 영화 보듯 돌려 보면 '그 더운 날 참 수고가 많았네' 하면서 마음이 순해지고 나를 보듬어주게 된다. 정말 어처구니없이 당하기만 했던 날에는 그 일의 한가운데서 있던 나를 꼬옥 안아주고 싶어진다. 감정이 가득 찬 상태에서 나를 바라보는 것이 아니라, 한 주를 되돌아보는 그 순간부터는 거리 두기를 한 채 전지적 시점에서 나를 바라보기 때문에 가능하다.

이처럼 일주일을 회상하는 것은 일상 기록에 남은 나의 7일간의 여정을 감상하는 행복한 시간이자, 구상 기록과 지식 기록 등을 통해 한 주간 성장한 나를 발견하는 뿌듯한 경험이다.

일 주 일 기 록 은

인 생 의

조 타 수 다

스페인 남부 도시 세비야. 외관은 허름하지만 문을 열고 들어가면 더없이 우아한 호텔방에서 노트북으로 여행기를 쓰고 있는 나. 글을 쓰다가 잠시 쉬고 싶을 때는 가정집의 거실 같은 아늑함이 느껴지는 1층 로비로 내려가 이국적인 창밖 풍경을 바라보며 와인을 마신다. 눈부시게 푸른 하늘과 뜨거운 햇빛 그리고 고풍스러운 중세시대 건물이 비현실적으로 느껴진다.

머지않은 미래에 현실이 될 여행작가가 된 나의 일상이다. 이러한 구체적인 상상을 할 수 있느냐 없느냐, 그리고 이 목표를 위해 일주일 단위에서 꾸준히 실행하는 과제가 있느냐 없느냐에 따라 꿈의 달성 여부는 달라진다. 나는 이런 행복한 상상을 하면서 한 달 계획의 방향을 설정하고, 일주일 계획에는 이 꿈을 실현해낼 구체적인 과제 한두 가지를 반드시 포함시킨다.

이는 일주일 계획을 세울 때 가장 중요한 사항이다. 이는 내 삶이 나의 목표이자 버킷리스트를 향해 가는지, 내가 그 방향을 적절히 통제하고 있는지 확인하는 작업이다. 주어진 일을 해내는 데 급급한 일주일 계획만으로는 절대 삶이 달라지지 않는다. 그런 삶에는 감동이 없다.

일주일 계획은 '선형 전략'의 실천이자 '그릿'의 원동력이다

유튜버에서 사업가로 변신한 주언규 대표의 영상 중에 아주 인상적인 것이 하나 있었다. 인생의 목표를 '천 피스의 퍼즐 맞추기'에 비유한 내용이었다. 성공하는 사람들은 자신의 목표를 천 피스짜리 퍼즐 맞추기라고 정의한다는 것이다. 퍼즐을 완성했을 때의 그림을 머릿속에 그리고 있을 정도로 분명한 목표가 있기 때문에 그들은 단 하나의 퍼즐 조각이라도 양보할 수가 없다. 그 퍼즐 조각은 시간이 될 수도 있고 돈과 사람이 될 수도 있다. 주언규 대표는 이 영상을 통해 목표가 있다면 하루뿐 아니라 단돈 만 원도 마치 천 피스짜리 퍼즐의 한 조각처럼 절대 허투루 쓸 수 없다고 말한다.

그런데 자신의 하루가 퍼즐 한 조각이라고 생각하기란 쉽지 않다. 이때 꿈이 구체적이고 선명하면 충분히 가능하다. 비록 지금 내가 가진 돈이 적고, 그것을 이루어낼 역량과 도움을 줄 인간관계가 부족하더라도 내가 상상한 퍼즐의 그림이 명확하면 그것들은 하나의 퍼즐로서 의미 있게 쓰일 것이다.

나는 그의 말에서 퍼즐 한 조각이 지닌 의미에 앞서 꿈이자 목표를 상징하는 '천 피스짜리 퍼즐'에 주목하고 싶다. 성공하는 사람들은 퍼즐 조각을 맞추기 전에 이미 퍼즐의 완성본을 선명하게 그린다. 또한 아주 구체적인 목표가 있기 때문에 퍼즐 한 조각의 가치를 누구보다 잘 알고 있다. 그러니 하루하루를 천 피스짜리 퍼즐의 한 조각처럼 소중하게 생각할 수밖에 없다.

이렇게 퍼즐의 완성된 이미지가 선명하면 설사 그 조각들 중 하나를 지금 당장 못 채우더라도 괜찮다. 퍼즐 조각이 놓일 위치는 그대로 남아 있기 때문이다. 그러므로 꿈이라는 퍼즐의 완성본 안에서 '지금, 여기' 존재하는 것이 가장 중요하다. 누구보다 열심히 살아가더라도 내 시간과 노력이 어떤 퍼즐의 완성본 속 조각인지 모른다면 그것은 무의미하다.

내가 한 달 계획에서 인생지도를 강조한 것도 같은 의미다. 하루, 일주일, 한 달의 계획이 인생지도 안에 존재할 때만 그것을 실천하기 위한 행위는 점형에서 선형으로 나아간다. 또한 이 과정에서 자연스럽게 지속적인 열정인 '그릿 GRIT'이 생성된다.

그런데 그릿의 출발은 일정 수준 이상의 노력을 통한 기본 능력의 장착에 있다. 적어도 일주일 단위의 계획은 구체적으로 세우고 실행하는 과정을 반복해야 그릿을 만날 수 있다. 운동과 공부, 독서 등을 해보면 한두 번 지속으로는 변화를 체감할 수 없다. 하지만 일주일만 제대로 실천해보면 그 효용을 느낄 수 있다. 나의 독서법 중 하나인 '눈 운동 독서'는 책을 읽을 때 각 행의 좌측 끝에서 우측 끝으로 눈동자를 움직이면서 정독하는 방법이다. 처음에는 초점이 잘 맞지 않아서 효율이 높지 않지만 일주일만 매일 해보면 시작과 끝에서 확실한 변화가 느껴진다.

일주일 단위의 반복된 성취는 큰 단위의 전략 계획을 수

립하고 이루어내는 데 가장 중요한 역할을 한다. 그래서 일
주일 단위는 그릿을 만나는 최소 단위이다. 뭐든 일주일만
반복하고 그 시작점을 메모하면 미세하더라도 차이가 발견
되고, 그 차이가 느껴지면 스스로 믿게 되어 누가 시키지 않
아도 몸이 먼저 행하게 된다. 이 과정을 통해 그릿의 경지로
나아간다.

나의 꿈에서 비롯된 목표를 달성하기 위한 행위들은 퍼즐
을 맞춰나가는 것처럼 재미있고 언제나 생기발랄함이 있다.
반면 완성된 퍼즐의 그림을 떠올릴 수 없으면 퍼즐 조각을
맞추는 게 무의미한 행위처럼 느껴진다. 이와 마찬가지로
내가 하는 행위의 아웃풋을 상상할 수 없으면 수행 이미지
가 떠오르지 않고 결국 실패하는 계획만 세우게 된다. 삶 자
체가 생기롭지 못하다.

일주일이 삶의 방향을 결정하는 이유

나는 매일 아침 잠깐의 생각 시간을 통해 내 꿈과 관련해
서 오늘 할 일은 무엇인지 생각해본다. 물론 이렇게 매일 생
각하는 것은 쉽지 않다. 반면에 한 주를 마감하며 새로운 한

주의 계획을 세울 때는 누구나 조금만 훈련하면 이런 생각을 할 수 있다. 일주일 계획을 세울 때마다 내 꿈을 떠올려보는 행위를 의식적으로 추가하면 된다.

꿈을 이루는 사람이 공통적으로 하는 행위 두 가지가 있다. 그중 하나는 자신의 일상에 꿈과 관련된 작은 행위를 자주 설정해서 실행하는 것인데 이는 벽돌을 차곡차곡 쌓아올리는 것과 같다. 또 다른 하나는 꿈과 목표를 구체적인 이미지로 그려내는 행위다. 스스로 생각해도 생뚱맞다고 생각하는 일을 일주일에 한두 가지는 꼭 넣어보자. 그것이 꿈의 방향과도 잘 맞다면 금상첨화다. 다람쥐 쳇바퀴 돌듯이 반복되는 일상에 변화를 계획하지 않으면 매너리즘에 빠지게 마련이다.

이것을 막아주는 전략 중 하나가 꿈과 연관해서 자신의 생각과 행동에 약간의 의미를 부여하는 것이다. 그래서 일주일 계획을 세울 때는 평상시의 일상과는 다른 결의 계획을 반드시 포함시켜야 한다. 아직 꿈이 구체적이고 선명하게 그려지지 않는다면 일주일 계획을 세울 때 '일상의 다양성'이 있는지를 꼭 점검해보자. 우리가 의식하지 못하는 동안에도 매일같이 조금씩 양상이 다른 일상의 행위가 하나둘씩 툭툭 올라온다. 하지만 메모와 기록을 하지 않으니 그것들을 잊고 살게 된다.

매일 반복적으로 하는 행위 속에 생뚱맞은 것을 배치해서 실천하다 보면 그것의 일부는 언젠가 내 삶이 된다. 평일에는 보험회사의 영업사원이지만 주말 밤에는 와인바에서 서빙을 하는 40대 직장인의 꿈은 자신만의 와인바를 갖는 것이다. 이렇게 생뚱맞은 행위를 일주일 계획 속에 포함시켜 실천하면서 병행의 삶을 사는 사람들은 취미가 업業이 되어 새로운 인생을 살아간다.

이처럼 일주일 계획은 인생의 조타수 역할을 한다. 한 달 계획을 통해 방향성을 정립하고 일주일 계획으로 구체적인 계획이 서면, 하루 계획도 자동적으로 그려진다. 사안별로 언제까지 어느 정도 달성해낼지 아웃풋 이미지가 떠오른다. 아침에 오늘 할 일을 떠올릴 때도 일주일의 로드맵이 있으니 핵심성공요인을 설정하는 것이 수월하다.

이처럼 일주일의 계획은 가장 작은 단위의 선형 전략이기에 이를 실천하고 평가하는 것을 반복하는 사람은 이미 전략적으로 미래를 준비하고 있는 셈이다. 이것만 제대로 해내도 일상이 꿈과 조응하는 수준은 점점 더 높아진다.

일 주 일   기 록 에

반 드 시   들 어 갈

2가지 핵심 요소

한 달 동안 해야 할 일을 계획하면 일의 총량이 많을 뿐더러 계획 자체도 변동성이 크고 구체화하기 힘들다. 또 하루 계획은 기억도 선명하고 과제도 명확하지만, 내 꿈과 조응하는 과제를 포함하기에는 점형의 계획들이 대부분이다. 반면에 일주일 계획은 구체화할 수 있으면서도 내가 직접 컨트롤할 수 있다. 그래서 탁월한 생각력과 그릿을 가지지 못한 사람도 일주일 계획은 수립과 실천이 수월하다.

다만 일주일 단위의 계획을 세울 때 두 가지 중요한 포인트를 반영하지 않는다면 하루 단위의 계획만 세우는 것과 별반 다를 바가 없다. 그것은 내 꿈과 연동되는 과제 수립과 영역별로 세분화한 일의 '핵심성공요인'을 파악하는 일이다.

이때 세부 과제에는 '중요한 일', '해야만 하는 일', '하고 싶은 일'이 모두 포함되어야 한다. 이 중 '하고 싶은 일'은 내 꿈을 이루기 위한 실행 과제이고, '해야만 하는 일'은 현재의 삶이 유지되기 위한 필수 과제다. '중요한 일'은 둘 다에 해당된다.

일주일의 계획에 반드시 하고 싶은 일을 넣어라

'중요한 일' 일부와 '해야만 하는 일'은 당장의 생계를 위해 꼭 해내야만 하는 일에 해당한다. 다만 '중요한 일' 일부와 '하고 싶은 일'은 꿈과 조응하는 과제여야 한다. 이러한 설정이 없으면 모든 계획이 '해야만 하는 일'들로 채워질 가능성이 크고, 소모적인 삶을 반복하다가 번아웃을 겪는다. 이외에 계획의 성공 확률을 높이기 위한 몇 가지 실천 팁도 반드시 고려하는 게 좋다.

만약 내가 프로그래머라면 이번 주에 반드시 '해야만 하는 일'은 '마감에 맞춰서 코딩 프로젝트를 마무리하는 것'

〈 과제의 분류 체계 〉

이다. 그리고 이번 주에 '하고 싶은 일'은 취미활동인 '클라이밍'이다. 클라이밍은 한 주를 버티게 하는 가장 큰 즐거움이자 에너지원이기 때문에 일주일 계획 중 하나로 포함시킨다. 계획을 세우지 않는다면 '해야만 하는 일'들에 밀려서 못 할 가능성이 크다. 만일 일주일 계획에 이를 포함시키지 않고 '해야만 하는 일'들로만 채운다면 어떻게 될까? 그 한 주는 그저 버텨내야 하는 극한의 나날이 될 것이다.

이제 남은 것은 '중요한 일'이다. 현재 회사에서 프로그래머로 일하고 있지만 나중에는 파이썬Python 교육자가 되고 싶은 꿈이 있다고 하자. 그렇다면 일주일 계획에는 파이썬 교육자라는 꿈을 이루기 위한 세부 과제가 한두 가지는 포함된다. 가령 파이썬 교육과 관련된 네트워크와 각종 포럼을 찾아서 정보를 모으고 나만의 아카이브를 만드는 것이다. 이렇게 꿈과 생계가 병행하는 삶을 살기 위해서는 반드시 일주일 계획에 '중요한 일'을 포함해야 한다.

대부분의 사람은 다이어리에 계획을 세울 때 '일' 영역의 과제만 쓴다. 그런데 일주일 동안 어떻게 일만 하면서 살겠는가. 나의 경우 일주일 계획을 세울 때 일 이외에도 다양한 종류의 과제를 포함한다. 일은 중요하다고 생각하는 핵심적인 것들만 설정하고, 나머지는 내 꿈과 연동되는 취미 혹은 종교 활동과 운동 등에 대해 쓴다.

이 중에서 한 주의 핵심 포인트는 무엇일까 생각한다. '이것을 잘하면 일주일 내내 좋은 기운을 받고 나머지 일들도 술술 풀릴 거야' 하는 일이 반드시 있다. 그것은 한 주를 잘 이끌어가는 핵심성공요인이 될 수 있다. 가령 나의 일주일 계획에서는 일이 아닌 '합창 연습'이 그 주의 핵심성공요인이 될 때가 있다. 합창 연습을 잘하면 한 주가 더없이 행복해지고 다른 일에도 긍정적인 영향을 미친다. 그래서 해당 과제의 세부 중점 사항으로는 '운전을 할 때 하이든Franz Joseph Haydn의 미사곡 듣기' 등 상당히 자세한 계획이 포함된다.

이처럼 한 주 동안 '해야만 하는 일'을 잘 수행하기 위한 핵심성공요인도 중요하지만, 한 주 전체를 힘 있게 이끌어가기 위해서는 일 외의 과제 수립도 반드시 포함해야 한다.

과제 서열과 한 주의 핵심 포인트를 정하라

일주일 계획이 나의 일상을 꿈에 수렴하는 가장 전략적인 무기라는 것을 앞서 여러 차례 강조했다. 그렇다면 수립한 일주일 계획을 제대로 실천하려면 어떻게 해야 할까?

우선 나의 역량을 제대로 파악해야 한다. 보통 무리하게 계획을 세우고 욕심을 더하기 마련이다. 이는 스스로의 역량에 대한 제대로 된 메타인지가 안 되기 때문이다. 이렇게 다 해내지 못할 계획을 반복하다 보면 이내 지치고 더 나아갈 동력마저 사그라든다. 나의 시간과 역량, 에너지가 한정되어 있음을 잊지 말아야 한다. 그리고 반드시 '해야만 하는 일' 중에는 마감을 지켜야 하는 경우가 대부분이기 때문에 우선순위를 정해 구체적인 일정을 부여하는 로드맵을 짜야 달성 확률이 높아진다.

회사 일의 과제 서열은 조직의 목표에 따른 영역별 과제를 분해하는 데서 출발한다. 이는 연역적 사고에 기반한 것으로, 프로젝트 과제를 제출할 때도 이를 바탕으로 수행한다. 그런데 하물며 나의 인생에 관한 계획을 세울 때 연역적 사고를 하지 않는다는 것은 말이 안 된다. 고작 며칠 해보고 '내 생각이 여기까지는 미치지 않네' 하고 체념하는 것은 능력 부족이 아니라 생각의 게으름에 불과하다.

내가 '10만 네트워크의 운영자와 여행작가'라는 꿈을 이루기 위해 반드시 이루어내야 할 과제가 무엇인가에 대해 구상하는 것도 연역적 사고에 기반한다. 이 꿈을 처음 세웠을 때 가장 중요한 과제는 경제적 능력이었다. 그래서 필요한 자금 목표를 세우고 그것을 몇 년 안에 가능케 할 계획을 세운 후 바로 사업을 시작했다. 이런 목표 설정과 과제 수립이 있었기에 나는 미련 없이 교수직을 그만둘 수 있었다.

이후 콘텐츠 사업을 시작했고 지금은 출판 사업 론칭에 주력하고 있다. 이처럼 생각을 계속 이어나가면 최하위 단계에서는 목표를 수행하기 위해 어떤 행위를 해야 할지 구체적인 계획이 나온다. 이른바 '과제의 피라미드'를 수립하고 이번 달에는 그중 몇 개를 실행할지 계획을 세울 수 있다.

이렇게 연역적 사고를 통해 자기 인생을 쭉 정리하다 보면 하루하루 반복하는 점형의 행위가 선형으로 이어진다. 이것이 바로 생각력이다. 그 끈을 놓치면 그냥 소모적인 삶에 매몰된다. 하지만 기록으로 계획하고 실행하고 돌아보기를 반복하면 생각력이 키워지고 연역적 사고가 일상화가 된다.

연역적 사고에 기반한 계획 수립을 반복적으로 하면서 끈기 있게 유지하는 사람은 한 달 계획을 세울 때 매번 현재화하여 과제를 수정할 수 있다. 한눈에도 부족한 게 무엇인지 파악할 수 있는 경지에 이른다.

그리고 한 주간의 계획과 각 과제별 핵심성공요인을 기록해놓고 읽어보면, 일주일 동안 어디에 방점을 찍어야할지 자연스럽게 보인다. 이런 영역별 과제 중요도를 정하지 않으면 그저 허둥지둥 바쁘게만 살 뿐이다. 그 행위 속에는 아무런 기쁨도 사랑의 마음도 깃들지 않는다.

실 패 하 지   않 는

일 주 일   계 획

작   성   법

　매일 아침 다이어리를 쓰면서 하루를 계획하는 사람은 많다. 하지만 일주일 계획을 반복적으로 다이어리에 기록하고 점검하는 사람은 많지 않다. 하루 단위 계획은 실천할 가능성이 높지만 일주일 계획은 여러 가지 변수로 인해 그 가능성이 상대적으로 떨어진다. 매주 월요일은 야심차게 시작하지만, 수요일 즈음부터 계획이 틀어지고 달성하지 못한 리스트가 속출하면 다이어리를 들여다보는 것 자체가 싫어진다.

　이렇게 실패하는 일주일 계획의 공통점은 지나치게 일

일주일 계획에 포함해야 할 4가지

1. 과제별 예상 소요 시간 산정
2. 구체적인 아웃풋 설계
3. 주력해야 할 핵심성공요인 작성
4. 기대와 성취감을 과제에 반영

영역에 많은 과제를 나열하고 있고 그조차도 '해야만 하는 일'이 대부분이라는 점이다. 일주일 계획이 내가 꿈꾸는 삶을 향해 한 발 한 발 다가가는 발걸음이라는 생각을 하지 않는다. 이런 일주일 계획은 영혼 없는 대화처럼 금세 흥미를 잃고 다이어리 자체가 무용지물이 되고 만다.

　좀 더 세부적으로 살펴보면 네 가지가 빠져 있다. 그것은 과제별 예상 시간 산정, 구체적인 아웃풋 설정, 핵심성공요인 작성, 기대와 성취감을 반영한 계획 수립이다.

과제별 예상 소요 시간을 산정하라

일주일 계획의 과제는 한 달 계획을 세울 때 수립한 다섯 가지 영역인 일, 성장, 놀이와 쉼, 가족, 관계의 목표를 중심으로 도출한다. 이 영역별로 브레인스토밍하듯이 과제를 열 개 정도 나열한 다음 우선순위를 부여해 영역별로 한두 개씩 줄이면 최종적으로 총 일고여덟 개 과제로 압축할 수 있다.

이때 특정 과제를 달성하는 데 투입되는 시간을 반드시 산정해야 한다. 일주일 단위에서 자신이 해낼 수 있는 최적의 과제 수를 정하고, 각각의 소요 시간도 산정해서 배정하는 식이다. 직장에 다니면서 루틴한 일을 하는 경우는 꿈과 연동되는 과제의 수를 줄이고 과제당 소요 시간도 줄여야 한다.

과제별로 소요 시간을 써넣은 후 해당 과제의 주간 로드맵에 배치하면 현실성 있고 여유 있는 계획을 세울 수 있다. 자신이 처한 상황에 대한 이해 없이 욕심을 내면 실행하지 못할 과제만 잔뜩 써놓아서 그 일주일의 계획은 실패로 끝나고 만다. 그러므로 과제별로 괄호를 쳐서 예상 소요 시간을 써놓는 습관을 들이자.

계획을 세우는 일이 익숙하지 않은 사람은 스스로 정한 계획도 해낼 수 있을지 없을지 가늠하지 못한다. 그러다 보면 자괴감에 빠져 금세 포기하고 만다. 이런 불상사를 막으려면 특정 아웃풋을 어느 정도 시간을 배분해서 완성할지에 대한 구체적인 가이드라인을 설정해야 한다. 한 주 동안의 과제 수와 내가 할애하는 시간의 총량을 대입해서 가늠하면 그 계획이 현실적인지 아닌지 파악할 수 있다.

투입 가능한 시간을 산정하고 과제별로 배분해서 적어놓는 것은 일종의 구상 기록이자 일주일을 상상 속에서 미리 살아보는 행위다. 이런 훈련을 반복하며 구체적인 아웃풋을 떠올리면 투입해야 할 시간까지 어느 정도는 가늠이 된다.

구체적인 아웃풋을 설계하라

계획을 세울 때는 의식적으로 아웃풋을 설계하고 이미 지화해야 한다. 업무 과제도 그것을 달성해냈을 때의 구체적인 결과물을 그려보면 일의 효율이 훨씬 더 높아지고 시행착오를 줄일 수 있다. 머릿속으로 일종의 프로토타입 Prototype을 그려보는 것과 같은 이치다.

아웃풋을 먼저 떠올리는 습관을 가지면 책을 읽기 전에도 독서의 목적을 먼저 생각하게 된다. 그러면 아무리 난해한 책이라도 내가 애초에 목표한 바를 확인할 때까지는 묵묵히 읽어내려갈 수 있다. 또한 책을 읽고 난 후 독서기록을 통해 자신이 깨달은 바를 남기고 싶은 욕구가 든다.

공부와 운동도 마찬가지다. 내가 무엇을 얻어낼지 구체적
으로 아웃풋을 설정하면 몰입에 이르는 속도가 달라지고,
운동으로 달라지는 나의 몸의 변화를 기록하면서 체계적으
로 운동하게 된다. 나는 대학 시절 복싱장을 다닐 때 운동
일지에 잽과 훅의 기술이 날마다 어떻게 달라지는지, 무엇
에 더 주안점을 두고 연습해야 하는지 등을 기록했다. 그러
면 운동 가기 전에 마음가짐부터 달라진다. 무의식에서 운
동의 질을 높이려고 스스로 노력하게 된다.

취미활동도 아웃풋을 설정하면 더 즐겁다. 나의 경우 다
이어리에 이번 주에는 '노래 연습을 많이 하기'라고 쓰는 대
신, 노래 연습의 아웃풋으로 '연습한 곡 중 3곡 녹음하기'
라고 쓴다. 이런 아웃풋 기획은 몇 번만 해보면 추상적으로
'내가 해냈어'라는 만족감과는 차원이 다르다는 것을 느끼
게 된다.

주력해야 할 핵심성공요인을 작성하라

영역별 과제를 정하고 나면 그 일을 잘해내기 위해 어떤

점을 주력해야 할지 고민해야 한다. 이렇게 과제별로 핵심 성공요인을 설정하면 전략적으로 일을 추진해나갈 수 있다.

얼마 전 우리 회사에 신입 직원이 들어와서 함께 첫 회의를 했다. 나는 그 회의의 목적을 '첫 출근한 직원이 우리 회사를 사랑하게 만들기'로 정했다. 이에 따라 회의의 핵심성공요인도 구체적으로 설정할 수 있었다.

그날 회의에서 어떤 이야기가 흘러가든 그건 직원들의 몫이고, 나의 역할은 회의 내내 환하게 웃는 얼굴로 직원들의 이야기를 열심히 경청하고 끝나자마자 바로 점심 회식을 할 수 있도록 준비하는 것이었다. 당연히 그날 회의 분위기는 좋았고, 신입 직원은 현재 우리 회사에서 열정적으로 일하고 있다.

고객을 만나는 영업사원이라면 '이번 주 만남에서는 고객의 취향과 분위기를 파악하고 제품에 대한 이야기는 하지 않는다'라는 핵심성공요인을 설정할 수 있다. 이렇게 특정 과제를 성공적으로 완료하기 위해 무엇에 포인트를 두어야 할지 구상하는 자체가 바로 전략이다. 과제별 핵심성공요인을 통해 내가 상상한 대로 일이 흘러가면 그 성취감은 스스로를 더욱 몰입하게 한다.

기대와 성취감을 과제에 반영하라

계획을 세울 때도 과제를 해냈을 때의 기쁨을 느껴야 한다. 과제를 해냈을 때의 기쁨을 계획 단계에서 미리 떠올린다면 그 계획은 실행 가능성이 높아진다. 이 과제를 수행했을 때 얻는 아웃풋 이미지가 머릿속에 선명하게 각인되기 때문이다.

특히 일주일 단위의 계획은 인생의 방향과 꿈이 연동되며 선형적인 성장을 담보로 하기 때문에 이미지화가 용이하다. 가령 책을 읽을 때 그 책으로 인해 얻게 될 지적 성장과 공감 등 종합적인 성취가 구체적으로 그려지면 자투리 시간까지 활용해 책을 읽는 열정이 생긴다. 회사 일에서도 마찬가지다. 프로젝트를 성공적으로 완수할 때의 성취와 보람 혹은 승진이나 연봉 협상에서 얻을 이득 등을 상상하고 그것을 얻는 기쁨을 계획 단계에서 느낀다면 그 과제를 실행할 때 좀 더 열정적으로 수행한다.

이런 식으로 이미지화를 통해 일주일 단위의 계획을 성공적으로 실행하다 보면 큰 단위의 전략 계획에서도 목표에 집중하며 끈기 있게 수행하는 능력이 쌓인다. 내 삶에 그릇을 붙이는 아주 좋은 방법이다. 기대와 성취의 행복감이 느

껴지는 계획은 살아 움직인다. 반면 그저 해내야 하는 일은
살아 움직이지 않고 내 일상에 아무런 설렘을 주지 않기 때
문에 점형의 결과에 그치고 만다.

일주일 일상 기록 작성하기

일주일은 나의 꿈과 일상이 조응하는 전략을 세우는 단위다. 일주일 일상 기록에는 해야만 하는 일, 하고 싶은 일, 중요한 일을 적절히 배분해야 한다. 다음에 소개될 '일주일 전략을 세우는 5단계'와 샘플을 참고하여 나만의 일상 기록을 적어 보자.

일주일 전략을 세우는 5단계

1단계 | 지난주 평가하기

↓

2단계 | 칭찬하기

↓

3단계 | 한 주간의 우선순위 정하기

↓

4단계 | 과제별 소요 시간 산정하기

↓

5단계 | 핵심성공요인 작성하기

한 주 평가하기

- 5일간 일본 출장 세팅한 것은 굿. 몸과 정신적 휴식 충분

- 미나마타 강연 마무리. 속이 후련. 일본어 능력 부족, 열정적 표출 못하고

  설명·소개에 그친 아쉬움

- 틈틈이 책 집필분 검토, 서울에서 못낸 시간 낼 수 있어서 다행

▼ 한 주를 계획하기 전, 지난주를 마치 영화를 보듯 떠올리며 평가하라.

한 주 평가하기

칭찬하기

  – 악조건 속에서도 일본 강연 마무리 잘한 나를 칭찬한다.

  – 미나마타병 환자들과 진심과 공감을 나누는 대화를 한 나를 칭찬한다.

  – 아소산 여행에서 많이 걷고 자연의 기운을 호흡한 나를 칭찬한다.

  – 부재중에도 회사를 잘 이끌어간 직원분들이 고맙다.

▼ 한 주간 있었던 일을 바탕으로 칭찬과 감사의 메모를 적어라.

칭찬하기

계획

- 합창, 실내 테니스를 통해 기쁨의 기운 다시 느끼기

- 월간 계획 수행에 중점 두기 : 신간, Wellness 공부, 말 잘하는 법 강의 준비

- 유튜브 촬영에 집중하여 콘텐츠 준비

- '세바시' 줌 강의 준비

▼ 한 주간의 과제를 브레인스토밍하여 정한 뒤 우선순위를 정하라.
내 꿈을 위한 과제도 한두 가지 반드시 넣어라.

계획

4단계 | 과제별 소요 시간 산정하기

> 과제
>
> - 《파서블》본문 내용 50% 수정 및 프롤로그 재작성
>
> - Wellness 공부, 하버드 아이템과 서식
>
> - 말 잘하는 법 강의 준비
>
> - 외부 출연자 대담 준비
>
> - '세바시' 강의 준비 및 줌 강의
>
> - 실내 테니스 가기

▼ 과제별 소요 기간 및 시간을 정하라. 운동처럼 주당 횟수가 정해진 과제는 소요 시간을 정하고 프로젝트성 과제에는 기간을 수립하라.

과제

MON	TUE	WED	THR	FRI	SAT	SUN
	←———→					
←———→						
←——————————————→						
←———→		←——→				
	←———→					
	←→			←——→		

MON	TUE	WED	THR	FRI	SAT	SUN

핵심성공요인

    - 개인 : 운동과 합창 주력, 아웃풋을 향한 빠르고 효율적인 일 처리

    - 회사 : 월간회의에서 목표 확인하는 것이 핵심. 유료강의 런칭과 초기 홍보,

      이룸 다이어리 치밀하게 제작 및 초기 홍보

▼ 영역별 과제 수립 후 해당 과제별로 핵심성공요인을 작성하라.

핵심성공요인

하루의 성실성을
점검하는 하루 기록

하루는 우리 삶에 존재하는 유일한 '순간'들을
성실하게 살아내는 실행의 단위다.

하 루 를

산 다 는

것 의 의미

오늘 하루는 우리에게 주어진 유일한 '현재'다. 한 달과 일주일은 현재로서는 존재하지 않는다. 그래서 하루를 산다는 것은 우리 삶에 존재하는 유일한 '순간'들을 성실하게 살아내는 것을 의미한다. 그 순간순간에 기억과 잠재적 능력이 발현되면서 하루를 어떤 색깔과 어느 정도의 힘의 크기로 살아내느냐에 따라 일주일과 한 달이 완전히 달라진다.

하루를 살아갈 때 나의 잠재된 능력과 기억이 몸에 착 붙으면 비로소 내 인생은 계획한 대로 나아갈 수 있다. 이때의 계획은 삶의 방향성과 의지를 의미한다. 이는 삶의 목표를 구체화하고 조정하는 기능을 하는 한 달과 일주일이 제 역할을 하게 하는 원동력이 된다. 이처럼 한 달과 일주일의 계획은 하루라는 순간을 통해 계속 실현된다. 그래서 하루를 어떻게 사느냐에 따라 한 달과 일주일을 사는 의미가 달라진다.

과거 기억과 능력을 현재의 삶에 온전히 발휘하려면?

우리가 현재 이 순간을 사는 행위는 '버추얼Virtual', 즉 들뢰즈가 말하는 잠재성을 담보하고 있다. 들뢰즈는 아직 현실화되지는 않았지만 실재하는 잠재성을 '포텐셜Potential'이 아닌 가상을 의미하는 '버추얼'이라는 개념으로 정의했다. 현재성을 의미하는 살아 움직이는 '액추얼Actual' 상태의 배후에 버추얼이 존재하고 이는 실재한다는 것이다.

그런데 버추얼의 세계는 대부분 기억 속에 존재한다. 그럼에도 불구하고 우리는 기억하기를 멈춘 채 살아간다. 하지만 기록을 통해 기억하면서 액추얼한 상태의 자신을 버추얼한 상태의 자신과 일치시키기 위해 노력을 거듭하면 자신이 본래 갖고 있던 능력을 십분 발휘하면서 살 수 있다.

그래서 기록하는 삶의 태도는 중요하다. 기록을 통해 기억이 생생하게 현재성을 갖는 삶을 살 수 있다. 즉, '인간도 신처럼 시간을 압축적으로 볼 수 있다'는 메시아적 시간관으로 살아가는 것이다. 메시아적 시간관은 독일의 철학자 발터 벤야민Walter Benjamin의 '기억론'에 근거한 시간관으로, 영겁의 시간을 사는 신이 봤을 때 인간의 인생은 찰나의 순간처럼 느껴진다.

그렇다면 인간이 시간을 압축적으로 느끼는 메시아적 시간관을 가진다는 것은 어떤 의미일까? 응축된 시간관이란 지나간 과거의 기억과 그동안 나에게 쌓였던 능력이 현재에 착 붙은 상태다. 이런 경험을 하지 못하는 사람은 하루를 보낸 후 일기를 쓰려고 하면 생각이 멈추고 만다. '내가 오늘 하루를 어떻게 살았지?' 하고 떠올려보려 해도 그 기억이 허공에 흩어져버린다. 하루의 밀도가 낮을 수밖에 없다. 하지만 기억들이 온전히 존재하는 메시아적 시간관을 살아가는 사람들은 하루라는 순간의 밀도가 아주 높다.

과거에서 현재까지의 기억이 응축된 상태냐, 성글게 존재하는 상태냐, 아니면 아예 과거가 기억 바깥에 존재하는 삶이냐에 따라 인생의 방향은 달라진다. 기억이 성글게 존재하면 미래에 대한 방향성이 잘 보이지 않는다. 하지만 그동안 누적해온 나의 생각과 행동이 현재의 삶에 생생하게 적용되면 미래지향적 인간으로 살아간다.

메시아적 시간관을 받아들인 벤야민은 과거를 버리는 것이 아니라, 과거와 현재의 감각과 생각이 모든 면에서 하나로 느껴져야 한다고 강조한다. 그러면 삶의 방향성을 잃지 않고 매 순간 자신에게 어울리는 삶을 살 수 있다는 것이다.

메시아적 시간관을 갖는 방법으로 일상 기록만큼 좋은 것은 없다. 하루의 일을 기록으로 남겨두고 그것을 돌이켜보면 시간이 응축돼서 몸에 달라붙는다는 생각이 든다. 과거와 현재가 연결되는 메시아적 시간이 되는 것이다. 이런 식으로 나의 생각, 지식, 감정이 축적되어 쌓이면 양의 증가가 질적인 변화를 가져오는 '양질전화量質轉化'가 일어난다. 컵에 물이 꽉 차서 넘치듯 그것이 아이디어와 영감이 되고 자신만의 통찰력을 가지게 한다.

현재의 연장선상에 있는 미래를 시뮬레이션하라

우리는 무엇인가를 꿈꾸는 것에 관해 왜곡된 의식을 갖고 있다. '100억대 부자가 되어야지', '누구누구처럼 살아야지'와 같은 꿈은 추상적 관념의 세계, 즉 이데아적 상상에 불과하다. 그래서 나는 미래를 상상할 때는 들뢰즈적으로 하길 권한다. 들뢰즈가 말한 것처럼 우리의 삶은 끊임없는 생성becoming의 과정이다. 과거는 생성의 집합이며 현재 속에 발현되고 미래의 방향을 형성한다. 우리가 하는 상상은 과거에서 현재까지의 연장선상에 있을 때 비로소 진실되고 현실성이 있다. 이것과 동떨어진 이데아적인 상상은 되레 삶을 망가뜨린다. 결코 도달하지 못할 꿈을 앞에 두고 노력하며 사는 것과 마찬가지다.

우리가 꿈꾸는 미래는 과거와 현재가 응집된 결과로 형성된 방향성의 연장선상에 있어야 한다. 이런 시간관은 아주 중요하다. 그래서 오늘 하루를 생각한 후 계획하고 되돌아보는 습관은 메시아적 시간관으로 살아가게 하는 가장 중요한 행위다. 이것을 연습하면 현재의 연장선상에 있는 미래도 얼마든지 시뮬레이션해볼 수 있으며, 이를 바탕으로 자연스럽게 과제를 실행해나갈 수 있다.

메시아적 시간관으로 살면 인간의 존재적 의미에 대해서도 깊게 성찰할 수 있다. 인간은 태어나서 죽을 때까지 삶의 의미를 발견하기 위해 애쓴다. 이런 고민 속에서 '강물의 윤슬론'을 발견했다. 강물의 윤슬이란 우리가 개별적 존재가 아닌 공동체적 존재로 사는 것을 의미한다. 이는 논리적으로 이해하는 것이 아니라 삶을 살면서 자연스럽게 깨달을 수 있다.

인간은 강물의 표면에서 반짝반짝 빛나는 잔물결인 윤슬처럼 함께 공존하는 존재다. 각각의 개성과 가치를 갖고 있는 윤슬과도 같은 존재들은 강물이라는 전체 속에서 함께 있을 때 더 아름답게 빛날 수 있다. 자신의 특이점을 수용하는 근거도 이 윤슬론에 기반하는데, 이는 현재의 자신을 수용하고 인식하는 근간이자 진정한 성장의 시작이다.

이렇게 자기수용이 되고 시간관이 서면 거기서부터 삶의 변화는 시작된다. 아들러가 말한 대로 '타자 신뢰'에서 나아가 '타자 공헌'의 삶으로 이어진다. 여기에는 일상 기록과 하루를 되돌아보는 행위가 중요한 영향을 미친다. 나의 하루를 되돌아보면 그 속에는 반드시 사람이 등장한다. 그 기억 속의 사람은 연민과 용서의 대상이 된다. 과거를 상상하는 것은 이런 의미다. 메시아적 시간관으로 과거가 응축되어 현실과 이어질 때 나와 타인을 용서하고 공동체 감각과 사랑의 의미도 깨닫는다.

하루를 되돌아보고 미소 지으며 마무리할 수 있다면

나에게 하루치의 한 줄 기록은 실행한 것을 되돌아보는 원천이다. 나는 실행한 것, 느낀 것은 물론 감정이 일어난 것까지 매번 빼놓지 않고 적는다. 시간과 간단한 키워드만 적기 때문에 시간이 많이 소요되지 않는다. 특히 바쁜 하루를 그저 흘려보내지 않고 점심시간 전 혹은 잠들기 전과 같은 특정 시점마다 영화처럼 일상을 되돌려 보면 마치 현재의 일처럼 생생하게 다가오는 순간이 있다. 이는 생각력을 키워주는 가장 좋은 방법이자 나의 하루를 긍정하고 보듬어주는 효과도 있다. 이는 당연히 내일의 하루도 기대하게 하는 역할을 한다. 다시 읽어야 기록이 완성되듯 하루 일과도 되돌아보는 과정을 거쳐야 비로소 완성된다.

이렇게 하루를 되새기면 절로 미소가 지어지기도 한다. 이는 '뒤센 미소' 효과를 가져온다. 뒤센 미소란 진정한 기쁨과 행복에서 발현된 진짜 웃음을 의미하는 말로, 19세기 프랑스 신경심리학자인 기욤 뒤센Guillaume Duchenne이 진짜 웃음은 눈 가장자리 근육인 안륜근을 사용한다는 것을 발견하여 붙여진 말이다. 미소를 짓는 것만으로도 행복감이 증가한다는데, 진짜 미소를 지으면 어떻게 될까?

당연히 심신의 회복탄력성과 일의 성공률을 높이며 긍정적인 영향을 미친다. 미국에서 종단 연구를 해봤더니 미소가 입에 붙은 사람들이 인생에서 성공할 확률이 그렇지 않은 사람들보다 훨씬 높다는 결과가 나왔다. 문제는 우리 입가에 항상 미소가 지어지느냐는 것이다. 잘 알지만 실행하기 어려운 것이 밝은 일상을 유지하는 일이다.

단기적으로도 미소의 효과는 엄청나다. 특히 창의적인 작업과 일상의 밝음은 깊은 상관관계가 있다. 다수의 심리학적 실험으로 이미 밝혀졌지만, 기억해보면 이미 우리 자신도 경험한 적이 꽤 있을 것이다. 이 역시 실행이 어려울 뿐이다.

하루에 한 번 뒤센 미소를 짓는 일도 일상 기록을 통해 얼마든지 가능하다. 우리는 하루에도 여러 가지 일을 겪는다. 그 일들에서 느끼는 희노애락을 따뜻하게 보듬는 훈련을 하면 자연히 미소가 지어진다. 세상에 제일 소중한 건 나 자신과 내게 주어진 일상의 바로 그 순간들임을 잊지 말아야 한다. 그러면 좀 더 긴 안목에서 나를 바라보며 살아갈 수 있고 실수와 좌절 속에서도 뒤센 미소를 잃지 않는다.

자, 오늘 하루를 되돌아보자. 그 찰나의 시간 동안 찡그리고 투덜거리며 어두운 표정으로 살았다면, 내일 하루는 출

근길과 점심시간에 하늘도 쳐다 보고 잠시 쉬는 시간에는
쨍한 햇빛이 비치는 창가에 서서 먼 하늘도 바라보자. 그 순
간에는 입가에 살짝 미소를 머금는 것도 잊지 말자. 출근길
문득 쳐다본 하늘에 피어오른 뭉게구름도 나를 반기고 있구
나 하는 긍정적인 생각이 든다.

　이러한 멈춤에 이은 생각의 시간은 미소를 지을 여유를
안겨준다. 그리고 이것은 하루치의 일상 기록이 습관화되
면 의식적으로 행하지 않아도 자연스럽게 내 삶 속에 스며
든다.

내 가　원 하 는

하　루　를

선　택 하 라

하루를 계획한다는 것은 결국 '선택'의 문제다. 하루 계획의 시작은 오늘 나에게 가장 중요한 일을 정하는 데서 출발한다. 그 기준은 사람마다 다르고, 상황에 따라 다르다. 중요한 것은 일이든 사적인 계획이든 그것을 했을 때 내가 성취감 혹은 기쁨을 가장 크게 느끼는 일을 찾아내는 것이다. 즉, 하루의 성격을 정하는 일과 같다. 이는 평소에 생각력의 수준이 높고 우선순위를 정해서 선택하는 행위의 훈련이 잘 되어 있는 사람들에게는 수월하다.

결국 인생은 생각의 결과물이다. 어떤 생각을 어떤 깊이로 하느냐에 따라 인생이 결정된다. 다만 기록을 빼곡하게 하는 것이 효율적이지 않듯이 생각도 하루 종일 할 필요는 없다.

생각은 온전히 집중해야 할 때가 있다. 가령 하루를 시작하기 전, 책을 읽기 전, 프로젝트를 실행하기 전, 운동을 하기 전 등 특정 행위를 하기에 앞서 그것을 행할 때 중점을 두어야 할 것이 무엇인지는 힘주어서 생각해야 한다. 막상 시작되면 상황에 휘둘리거나 몸만 움직일 가능성이 크기 때문이다.

하루는 생각력이 핵심이다

한 달이나 일주일을 계획하는 것과 달리 하루의 계획은 매 순간 달라지는 상황과 나에게 영향을 미치는 요소들까지 고려해야 하기 때문에 '생각의 힘'이 더욱 중요하다. 한 달의 핵심이 상상력이라면 하루의 핵심은 생각력이다. 물론 하루 계획을 세울 때 상상력도 필요하다. 하지만 이때의 상상은 한 달의 계획을 세울 때의 상상과는 조금 결이 다르고 생각에 좀 더 가깝다.

상상은 미래의 구체적인 모습을 떠올리는 것이다. 꿈을 상상한다는 것은 꿈을 이루고 난 후 자신의 일상이 어떻게 바뀌었는지를 영화 보듯 상상하는 일로, 이보다 더 행복한 순간도 없다. 가령 내 꿈이 저자라면 책을 쓰고 있는 모습이 아니라 저자가 된 후 멋진 공간에서 강의를 하는 모습을 떠올리는 식이다.

나는 자유로운 여행작가가 되어 세계 곳곳의 유명한 무소유 공동체들을 방문하면서 공동체원들과 인터뷰하는 모습을 상상하곤 한다. 그리고 그들의 일상, 표정을 담은 무소유 공동체 여행기를 책으로 출간하는 꿈을 그려본다. 상상했던 것을 현실로 만든 후 달성의 기쁨을 경험해본 사람은 상상이 도전적이면서도 생생하고 구체적이다. 월간 다이어리로 일상 기록을 쓰는 이유도 그 상상을 조금이라도 가깝게 다가가서 현실로 만들기 위함이다.

하루치의 계획은 얼마든지 디테일하게 구상할 수 있다. 이때 생각력이 작동해야 한다. 우선 하루 동안 일어날 일들을 머릿속으로 쭉 그려보고 메모하면서 그중 가장 중요한 포인트가 무엇인지 끄집어내야 한다. 그리고 그것을 실행했을 때의 나의 모습과 아웃풋을 구체적으로 상상하면서 기록하고 보완하는 과정을 반복하면 힘을 주어야 할 것과 힘을 빼야 할 것들이 한눈에 그려진다. 이는 일종의 전략 수립이다.

나의 소중한 하루를 망치지 않는 법

나의 하루 계획은 시간대별로 과제를 나열하는 식이 아니다. 시간별로 과제를 정하면 진심을 담지 않은 게으른 상상에 불과하고 오히려 하루를 망치게 된다. 이런 계획은 우리를 옥죌 뿐이다. 시간에 얽매여서 몸만 움직이는 결과를 낳지 않으려면 오늘 하루의 우선순위가 명확해야 하고 그 계획 안에는 어느 정도의 자유로움이 전제되어야 한다. 무엇보다 시간대별로 정해놓은 과제를 모두 행했다는 사실만으로 나의 하루가 완성되지는 않는다.

내가 진심으로 원하는 하루를 아주 구체적으로 생각하면서 주관자로서 하루를 선택해보자. 그리고 나의 선택을 믿어라. 반복에 의한 믿음을 기록으로 쌓아나가면 내가 선택하는 새로운 하루의 핵심도 이성적 배경과 내적 욕구가 절묘하게 맞아떨어지는 옳은 선택이라는 확신이 든다. 그래야 과제를 달성했을 때의 만족감이 자기 효능감으로 이어진다.

하루의 의미를 소모가 아닌 누적으로 바꾸고 싶다면 하루 계획의 목적과 방법을 바꾸어야 한다. 하루 계획은 오늘 하루 중 가장 중요한 일이 무엇인지 선택하고, 그것의 아웃풋을 상상하면서 핵심성공요인을 설정하는 데 있다.

나는 하루를 '오전'과 '오후' 그리고 '저녁' 이후로 나누어서 각각 한두 가지 정도만 중요한 일을 정한다. 보통 오후에는 한 가지만 정하고 저녁 시간 이후의 과제에는 반드시 쉼과 관련한 내용도 포함시킨다. 이것까지 끝나면 그 과제의 퀄리티를 최대치로 끌어올리기 위해 하루의 모든 에너지를 집중시키는 강약 조절이 필요하다.

이러한 훈련을 통해 하루를 생각하고 선택하고 구상 기록을 하는 것이 습관이 되면 오래 생각하지 않아도 과제의 아웃풋들이 연상되면서 그중 핵심적인 것이 툭 하고 떠오른다. 이것저것 잔뜩 계획만 세워놓고 실천하지 못하면 '나는 안 돼' 하면서 스스로를 의지박약의 인간으로 몰아가지 않을 수 있다. 이처럼 삶을 전략적으로 사는 것은 구상하고 행위하고 기록하는 하루 계획만으로도 가능하다.

하 루 기 록 으 로

하 루 를 예 습 하 고

복 습 하 는 법

　월간 다이어리의 일상 기록 중 전략적으로 사는 데 가장 도움이 되는 것은 구상 기록이다. 구상 기록은 하루를 예습하는 행위다. 행위를 하기 전에 미리 머릿속으로 구상하면 그 일에 돌입했을 때 핵심 포인트에 닿기 위해 더욱 몰입한다. 또한 행위를 하는 도중에도 반복 생각을 하기 때문에 중도에 포기하거나 대충 하는 습성도 사라진다.

　책을 읽을 때도 먼저 이 책을 통해 내가 얻고자 하는 바가 무엇인지에 관해 구상 기록을 쓰면 그때부터 머리가 윙윙 돌기 시작한다. 액셀을 밟고 시운전을 해서 속도를 높였다가 멈추고 잠시 쉬는 느낌과 비슷한데 이는 집중력에도 영향을 미친다.

어떤 행위를 시작하기 앞서 이렇게 구상 단계를 거치면 그저 몸으로 휘둘리는 삶이 아니라, 생각과 몸이 하나 되어 내가 주관하는 삶을 살게 된다. 그런 의미에서 하루 계획 자체가 구상 기록이라고도 할 수 있다. 단 이를 제대로 활용하기 위해서는 몇 가지 단계를 거쳐야 한다.

하루치의 과제는 아웃풋 상상으로 줄여라

하루 계획을 위한 세간의 다이어리들을 보면 대개 하루의 '해야 할 일'을 과제 중심으로 무작정 나열하는 데 국한되어 있다. 당연히 그 포맷에 맞춰서 시간대별로 해야 할 일을 쭉 나열하고는 계획을 마쳤다고 생각하기 쉽다. 하지만 이런 식의 나열은 수동적인 계획 세우기에 불과하다. 게다가 너무 과하게 과제를 설정할 가능성이 높다. 제한된 시간과 에너지를 어느 지점에 최대한 활용해야 할지 모르기 때문에 오히려 행위의 아웃풋이 하향 평준화되고 성취감도 떨어진다.

이렇게 하루를 보내면 몸은 고달픈데 머릿속은 텅 빈 것 같고, 일은 많이 했는데 중요한 부분에서는 진척이 없어서 '도대체 하루가 어떻게 지나갔는지 모르겠다'는 푸념만 반복하게 된다. 열심히 살고 있지만 성과가 없고 내가 컨트롤할 수 있는 일과 관계는 점점 더 줄어들어 불안함을 떨칠 수 없는 상황이 반복된다.

나는 하루 계획을 세우기 전에 우선 하루의 과제들을 쭉 메모한 후, 그 과제마다의 아웃풋을 하나씩 상상해본다. 그러면 과제 수가 자연스럽게 줄어든다. 신통치 않은 아웃풋이 그려지는 것은 굳이 포함시킬 이유가 없다. 이렇게 과제수를 줄인 후 그것을 다시 시간순으로 돌려서 실제 가능한지 검증한 후 최종적으로 다이어리에 메모한다. 이렇게 하면 하루의 방향이 선명하게 다가온다.

과제별로 3단계 프로세스를 상상하라

하루 계획에서의 핵심성공요인 수립은 하루를 게으르거나 우유부단하지 않게 보내기 위한 가장 손쉬운 방법이자 잠재력을 끌어내는 행위다. 하루의 계획을 짤 때 과제별로 핵심성공요인을 설정하는 것은 '생각하지 않고 행위하지 말라'라는 강력한 성공의 원칙을 실천하는 것이다.

그런데 계획할 때 쓰는 핵심성공요인보다 더 강력한 전략 방법이 구상 기록이다. 행위를 하기에 앞서 어떻게 행위 할 지에 대해 메모하는 것만으로도 우리는 전략형 인간이 된 다. 일례로 회의나 미팅을 하다 보면 그 자리의 분위기와 만 남의 기운에 홀려서 나의 역할과 목적을 망각할 때가 있다. 그래서 행위하기 전에 구상 기록을 쓰는 것이 좋다. 구상 기 록을 해놓고 회의나 미팅 중간에 한 번씩 상기하면 아웃풋 이 달라지고 에너지가 소진되는 일이 없다. 이것만 해도 하 루는 완연히 달라진다. 생각하며 살기 때문이다.

구상 기록을 쓰려면 목적, 프로세스, 최종 산출물을 메모 해야 한다. 만약 내가 누군가에게 물건을 팔기 위한 미팅을 할 예정이고 주어진 시간은 대략 한 시간이라면 프로세스는 어떻게 짜야 할까? 우선 궁극적인 목표는 물건을 판매하는 것이지만 오늘 만남의 목적은 물건 팔기가 아닌 '네트워크 맺기'에 맞출 수 있다.

그렇다면 구상 기록도 그 목적에 맞춰서 써야 한다. 즉 물 건을 소개하는 게 아니라 '고객의 이야기를 들어주고 공감 하되 제품 이야기는 일절 하지 않는다'로 정한다. 이후 프로세스는 '처음에 근황 주고받기, 그의 고민과 생각 들어주기, 만남의 시간을 내준 것에 감사 표시하기'로 짤 수 있다. 최종 산출물은 '기분 좋게 악수하고 다음 만남을 기약하며 문자로 인사 주고받기' 정도가 가능하다.

이렇게 시뮬레이션을 하면 첫 만남도 덜 어색할 뿐더러 좋은 인상을 주면서 결국엔 소기의 목적을 달성하게 된다. 무엇보다 힘주기와 힘 빼기 전략의 효율성을 몸소 경험하면서 삶 속에서 '선 생각-실행-후 생각' 법칙을 실천하게 된다.

여행 계획을 짤 때도 마찬가지다. 그 여행의 목적이 휴식인지 관광인지에 따라 일정과 소요 비용이 달라진다. 관광이라면 촘촘하게 일정을 짜서 미리 예약할 곳을 알아봐야겠지만, 휴식이라면 하루에 세 군데 이상의 장소를 방문해서는 안 된다. 그때는 '바르셀로나 항구의 벤치에 앉아서 느긋하게 와인을 마시며 지나가는 사람들을 구경하기'와 같은 계획이 들어가야 한다.

하루 계획과 구상 기록의 '윈윈' 효과

일, 공부, 글쓰기뿐 아니라 만남과 놀이도 구상 기록이 중요하다. 구상하는 동안 기대감은 더욱 증가하고 벌써 행복해진다. 이렇게 일상의 모든 행위는 사소한 것도 '구상하고 행위하고 기록하는' 사이클을 적용하면 그 결과물은 이전과 같을 수 없다. 어떻게 매번 구상하고 행위할 수 있냐고 반문하겠지만 역으로 묻고 싶다. 하루 삼시세끼도 다 계획이 있고, 청소를 할 때도 순서가 있지 않은가.

구상 기록은 하루 계획과 상호작용하면서 내가 내 삶을 주관하고 있다는 극치의 만족감과 자긍심을 느끼게 한다. 공부의 왕도가 예습과 복습에 있듯이 일상을 기록하면 하루의 예습과 복습이 가능해진다. 하루를 마무리할 때 그날의 일과를 영화 보듯 떠올려보는 것과 다음날 아침에 새로운 플래닝을 할 때 전날 내가 달성한 것을 생각하는 것도 복습이다. 그것의 연장선상에서 오늘의 과제를 정하면 터무니없는 목표를 세울 수가 없다. 무엇보다 내가 정신적으로도 잘 살아가고 있다는 사실을 깨닫게 된다. 이것이 구상 기록과 하루 계획의 목표다.

일 상   기 록 과

구 상   기 록 으 로

완성하는 미라클 모닝

아침에 일어나서 가장 먼저 하는 일은 무엇인가? 나의 아침 루틴은 일어나자마자 창문을 열고 창밖을 보며 아침의 기운을 느끼는 것이다. 새로운 하루의 시작은 '맑음'의 감각으로 다가온다. 이렇게 새로운 하루를 온몸으로 받아들인 후 또 다른 루틴을 이어나간다.

요가 체조와 명상을 10분 정도 하고 나면 이 심플한 행위만으로도 몸과 마음이 풀리고 새로운 하루를 시작해야 한다는 조급함이 잦아든다. 그리고 잠시 오늘 하루를 시뮬레이션해본다. 그렇게 생각이 정리가 된 상태에서 하루를 구상하고 시작하면 두려움과 조바심 없이 마음이 편안해진다. 하지만 대부분의 현대인에게 아침의 밝음과 고요함을 느끼기란 쉽지 않다.

일상의 맑음을 되살리는 법

주부들에게 아침은 남편의 출근과 아이들의 등교 준비로 혼이 빠지는 시간이다. 다들 떠나고 나면 폭탄이 떨어진 듯 아수라장이 된 집 안 구석구석을 정리해야 한다. 이 상태에서 일상의 맑음을 만들어내기란 쉽지 않다. 하지만 순간 이동처럼 금세 분위기를 바꿔줄 방법이 있다.

가령 뒷정리가 끝나지 않은 씽크대 한쪽에 자리를 마련해 베란다에 있는 새순이 막 올라오는 작은 화분을 올려놓거나, 엊그제 산 튤립 화병을 옮겨다 놓을 수 있다. 그 순간 기분은 확 달라진다. 이는 공기를 환기시키는 것과 같은 효과를 준다. 또 그때의 달라진 기분을 한 줄 메모로 남기면 놀랍게도 마치 스스로에게 보내는 응원 메시지 같다. 간단하게나마 자신의 노고를 칭찬하고 위로하는 글을 쓰면 맑음의 기운은 배가 된다. 이처럼 일상의 맑음은 주어지는 게 아니라 적극적으로 행위하는 데서 얻는다.

출근길 직장인이라면 이동 감각을 세심하게 느끼고 그 감각을 기록해보자. 스마트폰으로 간단히 메모해도 좋고 출근후 책상에 앉아서 해도 좋다. 잠이 덜 깬 무거운 몸을 이끌고 만원 지하철에 몸을 싣고 운 좋게 빈자리가 나면 잠을 청하기 바쁜데 무슨 감각을 느끼느냐고 반문할 수 있다. 하지만 출근길에 만나는 사람들이 다르고, 이동 수단을 바꾸어 출근하는 날은 또 느끼는 감각이 확 달라진다.

무엇보다 이동 감각은 인간의 기본 감정인 우울감을 완화시킨다. 산책만 해도 기분이 나아지고, 버스나 기차를 타고 창밖을 바라보고 있으면 평소 느끼지 못한 감정과 창의적 영감까지 떠오른다. 우리는 이동이 일상화되면서 오히려 그것이 우리에게 주는 감흥을 잃어버리고 말았다.

그래서 나는 이동에 대한 일상 기록 쓰기를 권한다. 늘 같은 길을 걷지만 주말 사이 조금 달라진 풍경과 날씨, 버스와 지하철 안에서 마주치는 사람들…. 이런 걸 예민하게 느끼면서 이동하면 일상의 매너리즘에 빠지지 않는다. 매일을 생생히 묘사할 정도로 감각하고 기록하면 어제와 비슷한 하루가 반복되지 않는다. 무엇보다 이동할 때 촘촘히 떠오르는 생각은 의외로 창의적이다.

일상 기록이 습관이 되는 3가지 방법

하루를 살아가면서 내가 주도적으로 행하고 충만함을 느낄 수 있는 일이 몇 가지나 될까? 대개는 일상을 살면서 시간과 사람과 상황에 휘둘린다. 내가 아니라 나의 페르소나Persona로서 살고 있다면 그것은 생각이 작동하지 않은 상태에서 몸으로만 사는 것이다. 물론 순간순간 생각하고 살짝살짝 판단하고 선택하는 동안에는 생각이 작동할 때도 있지만, 이 역시 온전한 자신의 생각이 아닐 수 있다. 즉, 우리는 몸으로만 삶을 대응하고 있을지도 모른다. 일상 기록은 몸이 아닌 머리와 가슴으로 살기 위해 하는 가장 근본적인 전략이다.

매일의 기록인 일상 기록이 익숙하지 않다면 우선 '한 줄 쓰기'부터 시작해보자. 사실 일기를 매일 쓰기란 쉽지 않다. 자신의 하루를 기억해서 서사 구조로 쭉 쓰려면 힘들다. 하지만 시간과 행위 내용을 한 줄로 정리하는 일상 기록은 어렵지 않다.

이를 생활화하려면 세 가지 원칙을 습관으로 만들면 된다. 첫째, 행위가 끝나면 바로 쓴다. 둘째, 앉으면 무조건 쓴다. 셋째, 점심 먹기 전 혹은 자기 전에 안 쓴 게 기억나면 쓴다. 이 세 가지만 기억하면 일상 기록을 잘 쓸 수 있다. 이것은 딱 3일만 제대로 해도 효과가 있다. 일상 기록으로 하루를 영화 보듯 회상하는 것이 가능해지면서 나의 하루가 더없이 소중하고 그 일상 속 주인공은 나라는 사실에 매사 주도적인 판단을 하려고 애쓰게 되기 때문이다.

일상 기록의 내용은 일, 공부, 놀이, 만남, 글쓰기 등 다양하다. 이렇게 다양한 영역의 일들을 모두 적으려면 번거롭고 시간도 많이 필요할 것 같지만 하루 10분 내외면 충분하다. 특정 일을 했다는 사실만 써놓으면 그 구체적 상황이 머릿속에 환하게 떠오르게 하는 트리거 역할을 한다. 하루 중 짬이 날 때마다 독서를 했다면 그것도 메모하고 운동한 내용도 적어보자. 누구를 만나 어떤 이야기를 나누었고, 무엇을 먹었는지에 대한 행복한 기억과 운동으로 달라진 몸의 상태와 쾌감, 취미생활을 하면서 느끼는 충만함을 적어보라.

이런 소소한 일상 기록을 꾸준히 하면 점과 같은 행위들이 서로 상호작용하면서 핵심 기억의 단초가 된다. 동시에 쓰다 보면 깨달음이 섬광처럼 떠오른다.

일 상 의

크리에이터가 되는

하 루 메 모

우리는 일상에서 다양한 경험을 한다. 친구와의 만남이나 직장 동료들과의 업무 회의, 독서와 강의, 문화생활 등 하루 동안 체험한 일들을 틈틈이 메모해보자. 이때 포인트는 모든 걸 다 적으려고 하면 안 된다는 점이다. 메모는 자기화를 위한 요약 작업이다. 상사의 지시를 속기록 쓰듯 받아 적는 부하 직원은 유능한 인재가 아니듯 강의를 들을 때도 마찬가지다. 맥락을 파악하고 몇 개의 키워드로 요약해야 하며 나중에 메모를 나만의 기록으로 바꾸는 시간을 가져야 한다.

일상의 감정과 감각을 기록할 때는 '묘사적'으로 쓰면 좋다. '너무 멋있다', '감동적이다'와 같은 감상평보다는 사진을 찍듯 자세히 묘사하기를 권한다. 누가, 언제, 어디서, 무엇을, 왜, 어떻게 느꼈는지와 같이 육하원칙에 준해서 장면을 그림 그리듯이 묘사해보자.

나는 강의를 마친 후 메모를 남길 때 강의 장소의 구체적인 모습과 인상적인 청중들의 모습을 묘사한다. 얼마 전 별마당 도서관에서 강의했는데 그곳의 높은 층고와 압도적인 규모의 서가에 둘러싸여 강의를 하니 남다른 설렘이 느껴졌다. '신간이 나오면 꼭 여기서 다시 강의해야지' 하는 바람도 메모로 남겼다.

묘사적 글쓰기는 감각 촉수를 극대화하는 효능이 있다. 또다른 나를 발견하는 계기가 되기도 한다. 이렇게 감정과 감각을 묘사적으로 메모해두는 것은 나를 나답게 만들고 나를 발견하는 과정이다. 이런 묘사적 메모를 계속하면 시간이 지나면 내가 나 자신을 보듬게 된다.

영감을 주는 대화 메모하기

일주일간 있었던 일을 정리하다 보면 의외로 가장 흥미

로운 것이 대화 기록이다. 새로운 지식과 영감은 주로 책에서 얻지만, 타인과 대화하며 머릿속에 떠오르는 새로운 아이디어와 깨달음도 많다. 실제로 인간의 행위 중에서 가장 논리적인 행위는 대화다. 대화 안에서 타인의 논리와 나의 논리를 발견할 수 있다. 그걸 놓치지 말아야 한다. 대화를 기록할 때 상대의 이야기뿐 아니라 자신의 이야기도 적어보자. 특별히 대화가 잘될 때가 있다. 누군가와 대화하는 와중에 평소 흩어져 있던 생각이 정리되기도 한다.

사람은 저마다 라이프 스타일이 있으며 대화는 라이프 스타일을 발견하는 가장 좋은 수단이다. 문제는 주고받은 대화를 빨리 잊어버린다는 데 있다. 대화하는 도중에 영감을 주는 내용이 있다면 흘려듣지 말고 다이어리나 스마트폰에 간단히 키워드를 메모해놓고 나중에 이를 바탕으로 대화의 내용을 한 번 더 정리해보자. 대화 도중에 메모하는 것이 부담스럽다면 대화가 끝난 즉시 기억을 떠올리며 메모해보자.

나는 사람을 만나고 나면 일단 어디든 앉을 곳을 찾는다. 그리고 다이어리를 펴서 만남을 상기하고 대화 기록을 써본다. 타인과의 대화 속에 들어 있는 보석 같은 깨달음을 놓쳐서는 안 되기 때문이다. 대화 기록은 잠재성이 현재성으로 발현되다가 다시 잠재성으로 들어가기 직전에 기록을 통해 끄집어내는 역할을 한다.

우리는 인간관계를 경쟁적이고 도구적으로 생각하는 경향이 있다. 하지만 타인을 환대하고 수용하면 자아가 확장된다. 특히 그 사람을 떠올리는 행위 자체가 사랑의 실천이다. 그러므로 만남 뒤 떠난 사람을 환대한다는 차원에서 대화 기록을 써보기를 권한다.

일상 기록에서 메모에 무엇을 적어야 할지 고민하는 사람들에게 나는 대화 기록을 많이 쓰라고 조언한다. 대화 기록과 구상 기록을 많이 쓰면 기록 습관이 몸에 붙고 지식 기록으로까지 연결된다.

문제와 고민거리 메모하기

일상에서 벌어지는 소소한 문제와 고민거리도 기록으로 어느 정도는 해결이 가능하다. 이때는 문제의 배경, 직접적 원인, 고려 변수, 방안, 장단점 등을 메모해본다. 그런데 메모하다 보면 생각이 잘 떠오르지 않을 때가 있다. 이럴 때는 문제나 고민거리의 제목만 써놓고 두세 칸 정도 비워놓은 후 반복적으로 생각하면서 추가하면 된다.

한 번에 다 마무리하려고 하지 말고 덮어뒀다가 다른 일을 하면서 그 문제와 관련한 생각이 불쑥 떠오르면 다시 펴서 문제의 제목 아래에 메모해둔다. 이렇게 지속적으로 고민거리에 대해 다시 생각해보고 추가로 메모하면 이런저런 복합적인 감정과 생각이 서서히 정리되면서 나름의 논리가 부여되고 해결 방향이 그려진다.

영화와 소설의 감동과 재미 메모하기

나는 영화나 드라마를 보거나 소설을 읽고 나서 감상을 메모한다. 이는 주인공이나 조연 중 한 명이 나라고 생각하며 심리적으로 몰입해서 스토리를 경험하게 한다. 일종의 추체험追體驗으로 다른 사람의 체험을 자신의 체험처럼 느끼는 것이다. 추체험을 통해서 이야기 속 인물의 인생관이 담긴 라이프 스타일을 간접체험하고 그 상황에 처했을 때 나는 과연 어떤 행위를 할 것인가 생각해본다. 이러한 추체험은 '즐거움을 동반한 성장'을 가능케 한다.

나는 최근에 드라마 〈킹더랜드〉를 보면서 남자 비서 역할에 몰입한 적이 있다. 타협적이면서도 자기중심적이고 고뇌에 차 있으면서도 밝게 살아내려는 모습이 마치 나 자신을 보는 것 같아서 상당히 몰입했다. 이러한 심리적 몰입에 의한 스토리 경험은 요약본만 보는 사람들은 결코 체험할 수 없다.

책을 본 후 기록할 때는 맥락과 전체 스토리를 남겨야 한다는 강박에서 벗어나야 한다. 책은 개요가 중요한 지식 덩어리이기 때문에 전체적인 내용을 모두 기억하기 위한 목적으로 기록하는 것은 지양해야 한다. 물론 그 내용을 외워야 할 때는 필요하겠지만, 일반적인 독서 기록은 요약이 중요하지 않다. 책은 다양한 방법으로 얼마든지 자기화할 수 있다.

영화와 드라마도 마찬가지다. 각자 다르게 기억하는 감동 포인트를 기록하면 된다. 가령 영화 〈아웃 오브 아프리카〉 중 비행기가 날아가는 장면을 보고 맥락 없이 '나는 내 인생의 자유를 추구해야지' 하는 생각을 할 수도 있다. 무엇보다 사람들은 영화의 줄거리를 이야기하는 사람보다 감상 속 그의 진심에 관심을 기울인다. 맥락은 간단하게만 정리하고, 나와 콘텐츠의 만남에서 생기는 화학적 작용의 결과를 메모해보자.

독서와 강의 등 지식 정보 메모하기

아무리 좋은 정보라도 온전히 내 것이 되지 못하면 무용지물이다. 한마디로 '꽝'이다. 대부분의 사람이 유튜브 강의와 각종 콘텐츠를 열심히 보고 듣지만, 메모와 기록을 하지 않는다면 이런 식의 정보 습득은 결코 자신의 것이 되지 않는다. 핵심 지식을 요약하는 것만으로도 부족하다. 요약은 베끼기에 불과하기 때문이다. 내 몸에 착 붙어서 언제든 끄집어내서 쓸 수 있는 지식으로 만들려면 요약한 뒤 자신의 생각을 덧붙여 기록하는 습관을 들여야 한다.

이렇게 메모를 습관화하려면 하루 중에 '감각 묘사 1, 문제 고민 1, 추체험 2, 지식 2, 구상 3' 이런 식으로 종류별로 횟수까지 정해서 훈련하는 것이 좋다. 처음에는 이런 행위 자체가 어색하겠지만 딱 한 달만 해보면 나의 하루를 반추하고 감각하는 메모의 즐거움에 빠져들 것이다. 다이어리에 메모가 채워질 뿐 아니라 나의 일상이 의미로 충만해지고 있음을 몸소 느끼게 된다.

하루 일상 기록 작성하기

하루 일상 기록은 나의 성실성을 점검하는 과정이다. 내가 주관하는 삶은 계획을 통해 내가 원하는 하루를 실행하는 데서 비롯된다. 다음에 소개될 '하루의 성실성을 점검하는 6단계'와 샘플을 참고하여 나만의 일상 기록을 적어보자.

하루의 성실성을 점검하는 6단계

1단계 | 오늘의 우선순위 정하기

2단계 | 핵심성공요인 작성하기

3단계 | 한 줄 기록하기

4단계 | 메모하기

5단계 | 하루 평가하기

6단계 | 칭찬하기

▼ 하루의 핵심 계획을 수립하되
시간대가 아닌 중요도로 과제를 선별하라.

계획

- 오전
《디베이터》 공부
월간회의

- 오후
외부 출연자 촬영
Wellness 공부

- 저녁
합창 연습

＊점심은 직원들과 식사

계획

▼ 영역별 과제 수립 후 해당 과제별로
핵심성공요인을 작성하라.

핵심성공요인

- 월간회의에서는 듣기에 중점,
마지막 월간 목표 제시 후 토론

- Wellness 공부할 때는
체크리스트 추출하고 서식 맵핑
철학적 배경은 메모

- 합창 연습에서는
소리의 섞임을 느끼며
내 목소리 크지 않고
아름답게 내도록 연습

핵심성공요인

3단계 | 한 줄 기록하기

▼ 진행 시간대별로 그때그때 느낀 감정과 감각을 한 줄로 기록하며 일상에서 새로운 발견을 하라.

기록

4:40 침대 정리 후 녹차 내리기
      (녹차향 같은 하루가 되기를)
5:00 '이룸모닝루틴' 시작
      (서울 집의 안정감에 감사)
6:50 아침 운동과 샤워
      (일주일 쉬어 몸 무거움, 내일은 잘하자!)
8:00 《디베이터》 발췌독서
      (교포 영어 핸디캡)
9:45 지하주차장 관리사무소 소장님 마주침
      (밝은 미소 감사)
10:10 월간회의
      (아웃풋과 업무량 가늠 능력 미흡, 의지 굿)
11:45 점심식사 후 하늘 보기
      (하늘 자유 감사, 시끄러운 무질서도 굿)
13:30 Wellness 책 4개 아이템 정리
15:40 황** 촬영(베테랑의 저력 /
      편하게 털어놓으려는 태도 필요)
16:30 《디베이터》 추가 정리
      (서보현의 유년기 경험 정리)
19:00 합창 연습(무반주 화성 감사)
21:50 기록 정리, 일기
      (10시 취침 실패, 20분 늦게 잠)

기록

▼ 독서, 강의 수강, 계획, 아이디어, 대화,
일상 내용 등을 메모하여 지식화하라.

메모

• 서보현의 삶에서 토론 논쟁의 의미
(《디베이터》인트로와 1장)

• 왜곡된 공감 조화 의식의 실체
- 호주에서 언어 미숙 / 움추러듦
- 두려움 회피 / 도망 다니기, 공감 표시,
  조화적 존재로 남기위한 노력
- 옹색, 타협과 자기배신,
  솔직 도전 열린 마음 파괴

• 자기 목소리 찾기
- 솔직한 욕구 직면하기
- 차이 무시하고 공통점만 생각하려는
  무의식 극복 필요. 차이의 당당함과 배려심
- 차이와 배려의 논쟁 : 디베이트의 본질
- 사실 토론, 가치 토론, 처방 토론
- 토론과 논쟁의 합의와 변화를 추구 /
  자기 변화, 관계 변화, 사회 변화
=> 형식적 공감보다 차이 드러내는
   배려적 합의 추구 토론 필요 = 내 목소리 찾기

메모

5단계 | 하루 평가하기

하루 평가하기

- 월간회의와 팀장 회의로 회사의 자율적 운영 메커니즘 만들기에 주력

- 합창 예습, 연습으로 만족감 충만

- 《디베이터》에서 지혜 얻음/독서의 소중함

- 꽉 찬 하루, 쉴 공간 충분치 않았음

▼ 내일을 계획하기 전 오늘 하루를 영화 보듯이 쭉 떠올리며 평가하라.

하루 평가하기

칭찬하기

　　- 바쁜 와중에도 유튜브 주제를 정리한 나를 칭찬한다.

　　- 간단한 산책과 낮잠 시간을 가진 나를 칭찬한다.

　　- 월간회의 때 듣기에 열중한 나를 칭찬한다.

　　- 고운 소리, 화음의 아름다움을 느끼게 해준 합창단원들께 고맙다.

▼ 오늘 있었던 일을 바탕으로 칭찬과 감사의 메모를 적어라.

칭찬하기

일상 기록은 내가 꿈꾸는 나로 살 수 있는 가장 손쉽고 구체적인 방법이다.

그렇다면 일상 기록이 삶에 체화한 기록형 인간의 삶은 무엇이 다를까?

기록형 인간들은 기록을 통해 다섯 가지의 변화된 모습을 갖추고 나다운 삶,

꿈에 가까운 삶, 진정으로 원하는 삶을 살아간다.

우선 '전략형 인간'이 되어 일상을 프로젝트화하고 선택과 집중을 통해 탁월한 성과를 낸다.

두 번째는 '몰입형 인간'으로

일상의 과제들이 나의 꿈과 면밀하게 조응하고 있어서

언제 어디서든 몰입이 가능하다.

세 번째는 '선택주도형 인간'이 되어

매 순간 선택의 주도권을 갖고 내 꿈과 조응하는 선택을 한다.

네 번째는 '정리정돈형 인간'으로 기록학의 원리를 실천하면

삶과 지식을 재창조하여 정리된 일상을 살아간다.

마지막은 자기 자신의 가치에 집중해서 타인과의 관계로부터

자유로운 '쿨 트러스트형 인간'이 된다.

일상 기록으로 실현할 수 있는 이 다섯 가지 삶의 유형은

우리 모두가 원하는 라이프 스타일이다.

3부에서는 일상 기록을 통해 어떻게 실현되는지 구체적인 과정을 살펴보자.

PART 3

일상 기록은 어떻게
인생을 바꾸는가

전략형 인간
-선택과 집중으로 탁월한 성과를 낸다

힘주기와 힘 빼기의 타이밍을 아는 것.
그것이 일상을 전략화하는 첫 단계다.

프 로 젝 트 를

성공적으로 이끄는

이 들 의   공 통 점

일상 기록이 체화된 이들은 '전략형 인간'이 되어 모든 일상을 프로젝트화하고 선택과 집중을 통해 탁월한 성과를 낸다. 가령 당신이 회사에서 어떤 과제를 맡았다고 해보자. 가장 먼저 무엇을 할 것인가.

마감 날짜에 맞춰 업무 스케줄부터 짜기 시작한다면 그 프로젝트는 실패로 끝날 확률이 높다. 갑자기 치고 들어오는 변수들로 인해 짜놓은 대로 일정이 흘러가지 않을 것이기 때문이다. 어쩌면 실행 초기부터 그 스케줄은 무의미해졌을지 모른다.

일상 기록이 체화된 전략형 인간이라면 어떨까. 일상 기록의 시작이 '나다움'을 찾는 일임을 아는 전략형 인간은 프로젝트를 맡으면 우선 나의 상태부터 면밀히 파악한다. 이 일과 관련해서 내가 어떤 강점을 가졌으며 취약점은 무엇인지 고민한 후, 나의 특성을 프로젝트에 어떻게 효과적으로 적용할지 분석한다.

원시시대 사람들이 멧돼지를 잡는 모습을 상상해보면 쉽게 이해할 수 있다. 멧돼지를 전략적으로 잡기 위한 고민은 자신의 육체적 능력이 멧돼지보다 약하다는 것을 인지하는 것에서 출발한다. 그리고 내가 가진 무기가 돌멩이인지 막대기인지 확인하고, 그 무기를 언제 어떻게 활용해 멧돼지를 잡을지 전략을 세운다. 만일 손에 쥔 무기가 무엇인지도 모른 채 덜컥 멧돼지를 잡겠다고 나선다면 어떻게 될까. 오히려 멧돼지의 공격을 받아 다치거나 죽게 된다.

이처럼 전략형 인간은 내가 지닌 강점과 나의 한계를 명확하게 파악해 어디에 힘을 주고 어디에 힘을 뺄지를 아는 사람이다. 한마디로 '이기는 습관'을 지닌 것이다. 축구 경기 중 공의 흐름을 파악하기 위해 그라운드를 어슬렁거리다가 정확한 타이밍이 잡히면 무섭게 질주해서 골을 만들어내는 세계적인 축구 선수 메시Lionel Messi처럼, 힘주기와 힘 빼기의 타이밍을 아는 전략형 인간은 프로젝트를 성공적으로 이끌 수밖에 없다.

하지만 아무리 이기는 습관으로 자기 역량의 최대치를 발현한다 한들 모든 일을 혼자서 해결할 수는 없는 법이다. 나의 힘만으로 프로젝트를 성공시킬 수 없을 때, 전략형 인간들은 과제 해결의 패러다임을 협업으로 바꾼다. 아웃풋을 극대화하기 위해 가장 적합한 사람이 누구이며, 그 사람을 어떻게 참여시킬까를 모색하는 것이다. 업무 효율을 위해 협업을 생각하는 건 누구나 하는 일이지만, 전략형 인간은 단순히 도움을 요청하는 것에서 한발 더 나아가 이 일로 상대가 얻을 수 있는 이득까지 함께 고려한다. 상대에게 돌아올 이득까지 고민해 도움을 요청하는 사람에게는 당연히 조력자들이 생기게 마련이다. 설령 그 프로젝트가 실패하더라도 조력자들을 통해 새로운 배움을 얻게 된다.

전략형 인간이 협업을 이루는 과정은 구상 기록을 작성하는 것과 같다. 협업의 대상을 선정하고, 상대를 움직이기 위해 무엇이 필요한지, 실제 협업에서 어떤 식으로 일을 배분할지 등 일련의 과정을 머릿속에 시뮬레이션하면 핵심성공요인과 프로젝트를 성공시킬 필수 역량이 자연스럽게 머릿속에 그려진다.

전략 수립의 핵심은 환경이 아닌 '주체'다

전략형 인간으로 거듭나는 첫걸음이 나의 상태를 파악하는 일인 것처럼, 협업의 대상을 찾을 때의 첫걸음 역시 상대의 상태를 파악하는 일이다. 중요한 건 실제 역량치를 파악하는 것인데, 이때 유용한 도구가 바로 'SWOT 분석'이다. 이는 자신의 역량은 물론 타인의 역량을 파악하는 데도 매우 효과적인데, 실상 누구나 알면서도 막상 일상에서 제대로 적용하는 사람은 드물다. SWOT 분석을 통해 나와 타인의 강점Strength, 약점Weakness, 기회Opportunity, 위협Threat을 각각 세 가지씩 쓰면 특정 프로젝트와 관련해서 나와 타인이 가진 결정적인 장단점이 선명하게 드러난다.

SWOT 분석을 하면 일단 네 가지의 전략 방향이 나온다. 첫 번째는 강점과 기회를 더 잘 이용하는 공격 전략SO, 두 번째는 강점을 이용해서 위협 요인을 회피하는 차별화 전략ST, 세 번째는 약점을 기회의 요인으로 삼는 보완 전략WO이다. 마지막 네 번째는 약점을 보완하며 위기를 돌파하는 생존 전략WT인데, 약점과 위기는 사실상 개인의 의지만으로 통제하기가 어렵고 변화를 기대하기도 쉽지 않기 때문에 앞선 전략들에 비해 효과가 크지 않다.

〈 SWOT 분석 〉

	내부 환경	
	강점(S)	약점(W)
기회(O)	공격 전략 (SO)	보완 전략 (WO)
위협(T)	차별화 전략 (ST)	생존 전략 (WT)

(외부 환경)

SWOT 분석에서 가장 중요한 것은 '환경'이 아닌 '주체' 다. 기회 요인이 있으면 그것을 활용하면 되고, 위협 요인이 있으면 뛰어넘으면 된다. 나는 SWOT 분석을 할 때 나의 기 회 요인을 약점과 결합시켜서 전략 포인트를 설정한다. 그 리고 위협 요인은 강점과 결합해서 전략 방향을 세운다. 이 처럼 환경이 아닌 주체에 주목하면 전략 포인트가 명확해 진다.

이는 기록형 인간의 특성과 밀접한 연관이 있다. 일상 기록을 쓰는 사람은 평소 자신의 강점과 약점을 정확히 파악하고 있기 때문에 특정 프로젝트와 관련해서 빠르고 정확한 SWOT 분석이 가능하다. 기록형 인간은 프로젝트가 주어짐과 동시에 SWOT 분석를 하고 구상에 들어간다. 진행 계획을 수립하면서 목적, 핵심성공요인, 프로세스의 중간 산출물과 최종 산출물을 고려한다. 그리고 프로세스상 어느 지점에 힘을 주어 자신만의 개성을 부여할지 그 포인트도 미리 정해둔다.

타인의 역량을 파악할 때도 마찬가지다. 이 일과 직간접적으로 관계되는 사람들을 쭉 적어보면서 한 사람씩 머릿속으로 떠올려본다. 대부분의 사람은 타인을 판단할 때 그저 머릿속 추측에서 그치곤 하는데, 실제로 직접 써보는 행위를 하느냐 하지 않느냐는 엄청난 차이가 있다.

한 가지 덧붙이자면, 타인과 협업할 때 중요한 것은 진정성을 담은 대화다. 자신이 가진 문제를 허심탄회하게 털어놓고 진심으로 의견을 구하면 상대방도 최선을 다해 도움을 주기 마련이다. 이는 사고의 생동감을 만들어낸다. 결국 타인의 도움을 잘 얻어내는 사람이 일도 잘하고 전략형 인간으로 성장한다.

이 모든 과정이 언뜻 생각해보면 상당히 복잡하고 번거롭게 느껴지겠지만, 기록하는 사람은 아주 간단하고 신속하게 정리가 된다. 또한 그 과정에서 어떤 태도와 방식으로 협업해야 할지도 그려진다.

남들보다 10배

빠르게 성장하는

사람들의 일하는 법

당연한 이야기지만 일을 하기 전에 머릿속에 구체적인 계획이 서 있어서 전체를 바라볼 수 있는 사람과 그때그때 닥치는 일들을 처리하기 바쁜 사람은 전혀 다른 아웃풋을 창출한다.

안타깝게도 대부분의 직장인이 일정에 급급하거나 욕심이 앞서서 자신의 역량, 주변 인맥, 현재의 환경이 지닌 장단점을 제대로 파악하지 않은 채 프로젝트를 진행한다. 그러다 보니 시행착오가 잦고 진정으로 도움을 주려는 사람도 적다.

하지만 '선 생각-실행-후 생각'의 3단계 사고에 기반해 구상 기록을 꾸준히 하면 누구나 전략적 인간으로 거듭난다. 물론 상당한 시간이 소요되지만 구상 기록이 익숙해질수록 전략적으로 사고하고 행동하는 자신을 발견하게 된다. 그리고 이런 기록이 쌓이면 나만의 데이터가 생겨서 새로운 일을 맡았을 때 빠르고 정확한 판단을 내릴 수 있다.

이런 역량은 단순히 프로젝트를 반복 경험함으로써 주어지는 게 아니다. 일상 기록을 통해 하루, 일주일, 한 달의 계획이 몸에 착 붙어 있는 사람만이 가능하다.

이성과 감각이 하나가 되어 만들어내는 시너지

기록을 많이 한 사람은 이성적 판단과 감각 사이의 혼돈이 줄어들고 나아가 이성과 감각이 하나라는 것을 알게 된다. 이때 비로소 자신이 가진 최대치의 역량이 발현한다.

가령 프로젝트의 방향성을 세팅할 때 포인트를 주어야 할 부분이 '픽' 하고 떠오르는 경험을 한다. 이는 평소에 기록을 하면 가능하다. 자신의 몸과 정신이 반응하는 스타일을 만들어가는 것이 기록이기 때문이다. 이 책을 읽는다고 해서 그런 경험을 할 수 있는 것은 아니다. 기록을 1년 이상 했을 때 비로소 가능하다.

이성과 감각이 하나가 되는 경험을 하는 사람은 계획의 방향을 생각하고 구체화시키는 데도 많은 시간이 필요하지 않다. 매일 어슬렁거리면서 노는 것 같은데 몇 시간 만에 기획안을 작성해서 상사로부터 칭찬을 듣거나 자리는 지키지 않고 이 사람 저 사람 만나면서 쓸데없는 잡담만 나누는 것처럼 보여도 어느새 뚝딱 결과물을 만들어낸다.

내 인생에 있어 가장 중요한 한 가지를 들라면 단연 생각력이다. 생각력을 기반으로 나는 전략적으로 사고하게 되었다. 전략적 사고를 할 줄 아는 사람과 그렇지 않은 사람과의 차이는 어마어마하다. 다행스러운 점은 생각력은 타고난 두뇌보다는 경험과 기억의 현재성에 따라 성장 가능성이 열려있다는 점이다. 특히 경험은 책 읽기를 포함한 지식 경험이 얼마나 현재 나의 삶에 착 달라붙어 있는가가 중요하다. 이역시 기록으로 가능하다.

몰입형 인간
-깊이 있는 탐구로 내 안의 잠재력을 끌어올린다

몰입은 일의 목적과 나를 일치시킬 때
비로소 가능하다.

아 무 리   읽 고

들 어 도   남 는   게

없 는   이 유

일상 기록이 체화된 이들은 일상의 과제를 자신의 꿈과 면밀하게 조응시키는 몰입형 인간으로 성장한다. 훌륭한 아웃풋을 내기 위한 기본 조건인 몰입은 '목적과 내가 함께 존재할 때' 일어난다. 목적만 있고 내가 없거나 나만 있고 목적이 없어도 모두 진정한 의미의 몰입에 이를 수 없다.

만약 프로젝트를 진행할 때 목적이 명확해도 내가 중심에 없으면 일에 휘둘리고 소모적인 기분이 든다. 또한 나만 있고 목적이 없는 경우 불필요하게 나를 드러내는 데 치중해 일의 방향이 흐트러진다. 두 경우 모두 전략적으로 계획을 수립하고 몰입하는 데 방해가 된다.

몰입에 대해 보다 정확히 이해하려면 황농문 교수와 미하이 칙센트미하이Mihaly Csikszentmihalyi 교수의 이론을 살펴볼 필요가 있다. 이 두 학자가 주장하는 몰입의 조건은 다소 차이가 있다. 황농문 교수는 의식적으로 몰입의 상태로 이끄는 것을 중시하는 반면, 칙센트미하이 교수는 굉장히 자연스러운 상태, 즉 목적과 자신이 하나가 되는 상태에서 몰입이 가능하다고 말한다.

황 교수는 한 가지 주제에 관해 72시간만 절실하게 생각하면 뇌가 응답한다고 말한다. 그가 말하는 몰입의 조건은 최선을 다해서 도전해야 풀 수 있는 문제가 주어져야 하고, 반드시 스스로 풀어야 하며, 잠시도 한눈을 팔지 않고 문제에만 집중하고, 답을 찾을 때까지 절대 포기하지 않아야 한다. 반면 칙센트미하이 교수가 제시하는 몰입의 조건은 적절한 난이도, 구체적 목표 그리고 피드백이다.

이 두 가지 몰입의 조건 중 나는 칙센트미하이 교수의 몰입이 일반인들이 적용하기 좀 더 쉽다고 본다. 칙센트미하이 교수의 몰입은 목적과 내가 함께함으로써 단기 몰입을 경험하게 하고, 그로 인해 몰입의 능력이 커져 궁극적으로 큰 목적에 몰입하는 자신을 만나게 해준다. 반면에 황농문 교수의 몰입은 일정 수준 이상의 능력이 몸에 붙는 상태에 도달해야만 가능하다. 일례로 삼각함수와 같은 수학 문제를 풀 때 사인, 코사인, 탄젠트의 개념을 완전히 이해해야만 답을 얻을 수 있듯이, 지식을 갖추거나 훈련을 거쳐 일정 수준에 이르러야만 몰입을 경험할 수 있다. 그래서 생각력이 부족한 사람이 이 방식으로 몰입을 경험하기란 사실상 어렵다.

일상 기록은 삶의 지향점을 분명하게 한다

칙센트미하이 교수의 몰입은 목적과 나를 일치시키는 것이 무엇인지만 알면 현실에 바로 적용할 수 있는 방식이다. 일례로 지식 활동을 할 때 내가 궁금한 점을 먼저 명확히 하고 그에 맞춰 목적을 분명히 설정하면 몰입은 자연스럽게 이루어진다. 이것이 좀 더 일상에서 실천 가능성이 높다. 지식 활동뿐 아니라 인간관계를 비롯한 일상 전반의 활동에서도 마찬가지다. 그 활동의 중심에 내가 있고, 그 목적이 본질의 나와 일치할 때 몰입을 통한 성취를 경험한다.

내 큰아들은 명문대를 졸업하고 느닷없이 소방공무원이 되겠다고 선언했다. 그전까지는 공인회계사 시험을 준비했었다. 명석한 아이라 내심 어렵지 않게 합격할 거라고 기대했는데 아쉽게도 합격하지 못했다.

시험에 떨어진 후 그 이유를 찬찬히 생각해보니 공인회계사 시험과 합격 후의 미래상은 아들이 직접 그린 것이 아닌 내가 그려준 것이었다. 물론 아들도 처음에는 그 미래상에 동의하고 좋아했지만 준비하면서 끊임없이 자신의 가치관이나 성향과 맞는지 의심이 들었고 회계사가 된 후의 삶이 구체적으로 그려지지 않았던 것이다.

하지만 소방공무원이 되겠다는 선언 후 소방관 시험을 준비할 때는 스스로 해외 자료까지 찾아서 연구하면서 무섭게 몰입했다. 목적과 내가 함께 존재하면 이렇듯 공부의 강도가 달라질 수밖에 없다.

우리는 살면서 엄청난 인내를 필요로 하는 과제를 만나곤한다. 이 도전의 성패는 목적과 자신을 일치시킬 수 있느냐 없느냐에 달려 있다고 해도 과언이 아니다. 이에 따라 몰입의 강도가 달라지기 때문이다. 그런데 기록을 꾸준히 해온 사람은 삶의 지향점이 분명한 일상을 살고 있기 때문에 목적과 자신을 일치시키는 것의 중요성을 너무나 잘 알고 있다. 기록형 인간이 몰입형 인간이 될 수 있는 이유다.

기분 관리를 해야

몰 입 이

가 능 하 다

몰입에 이르기 위해서는 몸과 마음의 상태가 굉장히 중요하다. 특히 시험공부나 프로젝트를 위해 고도의 몰입이 필요한 상황에서는 무엇보다 편도체가 안정되어야 한다.

대부분의 경우 편도체는 위기 상황에서 활성화하는데, 위기를 벗어나도록 몸을 준비시키는 과정에서 여러 가지 신체적 변화가 따른다. 이때 우리의 뇌는 이 신체적 변화를 두려움이나 불안, 공포와 같은 감정으로 받아들인다. 뇌가 이런 부정적인 감정을 느끼는데, 몰입이 이루어질 리 만무하다. 그렇기 때문에 진정한 몰입, 성취까지 이어지는 몰입을 하려면 우리의 뇌가 어떤 위기 상황에서도 부정적인 감정에 사로잡히지 않도록 편도체를 안정화해야 한다.

　이때 도움이 되는 것이 바로 일상 기록이다. 일상 기록을 통해 나의 내면을 들여다 보고 내가 원하는 것, 꿈을 이루기 위해 정말 해야 할 일, 내 감정의 변화를 찬찬히 적어가다 보면 부정적 감정을 느끼는 편도체가 자연스럽게 안정된다.

　여기에 또 하나 알아야 할 것이 있다. 태어나면서 죽을 때까지 인간은 끊임없이 무언가를 해야만 한다. 하다못해 갓 태어난 아기조차 엄마 젖을 먹기 위해 울어야 한다. 그리고 살아가면서 예기치 않게 맞닥뜨리는 재난은 또 얼마나 많은가. 이런 고통스러운 굴레 속에서 필연적으로 생기는 우울감을 약화시켜주는 것은 로또 같은 행운이 아니라, 일상에서 꾸준히 찾을 수 있는 소소한 기쁨과 성취다. 평소 꾸준히 기록을 해온 사람들은 적는 행위를 통해 미처 누리지 못한 일상의 행복을 찾아서 누린다.

　나도 마찬가지다. 매일 감정과 감각을 기록하면서 하루에 한 가지씩은 기분 좋은 일을 마련하려고 메모해둔다. 기분 좋은 일을 해야 우울의 덫에 사로잡히지 않고 선순환하는 몰입을 이룬다는 사실을 알고 있기 때문이다.

　일주일에 한 번은 강도 높게 기분 좋은 일을 계획하는데 내게는 앞마당 정리가 기분을 좋게 하는 데 큰 도움이 된다. 그래서 주말 새벽에 여주 집에 가서 한동안 관리하지 못해 풀이 잔뜩 자란 앞마당을 예초기로 싹 정리하는 계획을 세우는데 이걸 실천하고 나면 땀범벅이 되지만 몸이 한결 가볍고 상쾌하다.

여행도 기분과 감각을 업그레이드하는 중요한 이벤트다. 그래서 아무리 바빠도 정기적인 여행을 계획한다. 물론 도저히 일정을 소화할 수 없어 실천하지 못할 때도 있긴 하지만, 사실 여행 계획을 세우고 루트를 짜는 것만으로도 삶의 큰 활력이 되기에 크게 실망하지 않는다. 이번에 가지 못하더라도 어차피 몇 달 후면 또 다른 여행이 내 일정에 기록될 텐데 한 번쯤 참는다고 또 무슨 대수일까.

이렇게 구체적인 계획을 통해 인생에 기쁨을 만들겠다는 결심이 필요하다. 하지만 기록을 하지 않는 사람들은 일상에서 자신의 기분을 관리해야 할 필요성을 깨닫지 못한다. 우울과 불안 그리고 화가 매일 반복되어도 이를 숙명처럼 받아들일 뿐 감정의 늪에서 헤어 나올 생각을 하지 못한다. 이런 상태에서는 진정한 몰입이 불가능한 게 당연하다.

대부분의 사람은 특정 순간의 자신의 기분은 떠올리지만 며칠 동안 자신의 기분이 어땠는지 지속해서 떠올리지 못한다. 하지만 일상 기록 중 시간대별로 나의 감정이나 감각을 기록하는 한 줄 기록을 반복하다 보면 나의 기분이 어떤 상태이며, 기분 관리도 행위와 마찬가지로 일상 기록으로 얼마든지 관리가 된다는 것을 알게 된다. 뿐만 아니라 자신이 감정 패턴도 파악하게 된다. 의지는 기록에 의해 발현된다는 것을 이미 경험했기 때문이다.

스스로에게 하는 칭찬과 감사도 기분을 관리하는 데 큰 도움이 된다. 특히 감사는 나 자신에 대한 무언의 칭찬이다. '내가 이 정도의 일에도 감사해하는 사람이구나' 하는 발견은 기쁨으로 이어진다. 기록하는 행위를 통해서 스스로의 기분 관리하는 사람만이 진정한 몰입이 가능하다. 몸의 상태도 마찬가지다. 건강한 신체와 정신이 뒷받침되지 않는 성실은 헛수고가 되기 마련이다.

선택주도형 인간
-매 순간 내 꿈과 조응하는 선택을 한다

나의 일상이 꿈과 조응할 때
우리는 선택의 주도권을 가지고
나다운 선택, 후회 없는 선택을 한다.

생각을 지배하는

무 의 식 부 터

살 퍼 라

일상 기록이 체화된 사람은 어떤 선택의 상황 앞에서도 타인이나 상황에 휩쓸리지 않고 선택의 주도권을 가진다. 일명 '선택주도형 인간'이 되는 것이다.

일상 기록으로 하루, 일주일, 한 달의 나의 모습을 꾸준히 반추하기 때문에 어떤 선택을 할 때 나의 꿈과 목표를 이룰 수 있는지 이미 알고 있다. 그뿐만 아니라 일상 기록은 내가 무엇을 좋아하는지, 내가 무엇에 재미를 느끼는지, 내가 어떤 사람과 함께하고 싶은지 등 나의 성향도 깨닫게 하기 때문에 나다운 선택이 가능하다.

《백만장자 시크릿》의 저자 하브 에커는 "선택은 무의식에 의해 이루어진다"라고 말한다. 무의식이 생각을 좌우하고, 생각은 결정을 만들며, 결정이 행동을 만들고, 행동이 결과를 만든다는 뜻이다. 즉, 선택은 무의식에 기반해 형성되기 때문에 나의 선택이 잘못된 것이었다면 무의식부터 살펴봐야 한다. 나는 하브 에커의 선택에 관한 정의가 심리학자들의 설명보다 더 명료하다고 생각한다.

예를 들어 직장 선배가 퇴사 후 사업을 시작하면서 나에게 함께하자고 제안했다 가정해보자. 그 선배는 회사에서 탁월한 역량을 발휘하며 프로젝트마다 성공을 거두었기에 그가 나에게 하는 제안은 마치 성공의 보증수표처럼 여겨진다. 이러한 무의식은 나의 선택에 결정적인 영향을 미치면서 '함께해볼까?' 하는 충동적인 감정을 불러일으킨다. 이럴 때는 선택에 앞서 그에 대한 나의 무의식을 점검해야 한다. 무의식에서 형성된 감정으로 중요한 선택을 그르쳐서는 안 된다.

평소에 나의 현재 상황과 본래의 꿈을 일상 기록으로 점검하면서 삶의 우선순위를 정해두는 것이 좋다. 그래야만 갑작스러운 선택의 순간에서도 이성적인 판단이 가능하다.

당신의 무의식을 무엇이 지배하는지 찾아라

프로이트Sigmund Freud는 무의식의 대용물을 '꿈'으로 간주한다. 무의식을 꿈과 연결시키는 것은 논리적으로 타당하다. 하지만 꿈을 제대로 기억하는 사람은 거의 없다. 그래서 나는 평범한 사람들이 자신의 무의식에 접근하는 방법이 기록이라고 생각한다. 기록은 나와의 대화에 기반한 것이므로 무의식에 접근하는 데 가장 용이하다.

우리의 무의식을 지배하는 강력한 요소 중 하나는 부모다. 나는 박사학위를 받은 후 부모님께 "지금부터는 제 인생을 살겠습니다"라고 선언했다. 사실 학창시절 나는 문학청년으로 연극인을 꿈꾸었고, 대학에 진학해서는 사회 활동가로 사는 게 꿈이었다. 학자는 나의 꿈이 아닌 어머니의 바람이었다. 그래서 어릴 때 어머니를 증오한 적도 있었는데 그때마다 내가 악마 같아서 이불을 뒤집어쓰고 울기도 했다.

한동안 이 사실을 잊고 있다가 기록을 통해 무의식 속에서 발견해냈다. 자꾸 어머니의 바람에 연연하는 나를 발견한 뒤 그 이유가 뭔지 고민하고 기록하면서 발견해낸 것이다. 나의 청춘을 지배한 무의식 속 어머니의 영향력을 깨닫고 나자 그때부터 비로소 나만의 목표를 갖고 살게 되었다.

박사학위 수여식 날 부모님께 한 선언은 내 인생에 아주 중요한 세리머니였던 것이다.

득히 한국 사회에서는 꿈조차도 부모의 강요대로 형성되는 경향이 강하기 때문에 무의식 속 부모의 영향력으로부터 벗어나려면 자신의 진정한 꿈이 무엇인지 지속적으로 기록해보아야 한다.

나의 고유한

성향과 꿈의

실체를 읽어라

선택의 주도권을 빼앗기거나 잘못된 선택을 반복하는 사람들은 명확한 꿈과 목표가 없다는 공통점이 있다. 또한 그들 대부분은 타인의 잣대에 지배당한다. 내 선택의 주도권이 누구에게 있는지 구체적으로 파악하기 위해서는 현재 나를 옭아매는 것과 내가 진정으로 원하는 가치를 찾아서 각각 정리해보면 된다. 그 과정에서 내가 무엇을 정말 원하는지 발견할 수 있다.

또한 내적 성향의 방향까지 찾아내면 내가 원하는 것이 무엇인지 보다 더 구체화된다. 가령 액티브하고 이동을 즐

〈 As-Is, To-Be 분석 〉

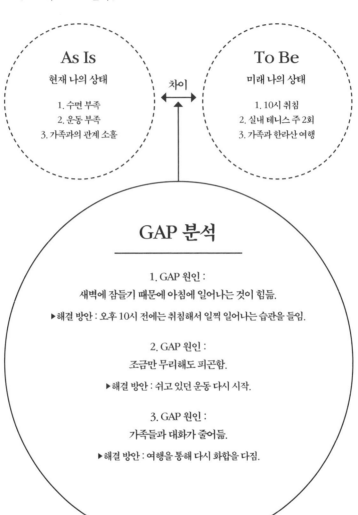

As Is

현재 나의 상태

1. 수면 부족
2. 운동 부족
3. 가족과의 관계 소홀

차이

To Be

미래 나의 상태

1. 10시 취침
2. 실내 테니스 주 2회
3. 가족과 한라산 여행

GAP 분석

1. GAP 원인 :
새벽에 잠들기 때문에 아침에 일어나는 것이 힘듦.

▶해결 방안 : 오후 10시 전에는 취침해서 일찍 일어나는 습관을 들임.

2. GAP 원인 :
조금만 무리해도 피곤함.

▶해결 방안 : 쉬고 있던 운동 다시 시작.

3. GAP 원인 :
가족들과 대화가 줄어듦.

▶해결 방안 : 여행을 통해 다시 화합을 다짐.

기고 밝음을 좋아하는 본래의 성향을 깨닫고 나면 그것을 방해하는 선택은 하지 않는다.

반면에 현재 자신의 성향과 감정적 선호를 파악하지 못하면 일과 관계를 포함한 라이프 스타일 전반에 걸쳐 선택 장애를 겪는다. 그러므로 현재의 나의 상태를 정확하게 파악하는 것은 올바른 선택을 위한 가장 중요한 선결 과제다. 이에 따라 과감하게 치고 나갈지 수세守勢를 취할지 결정할 수 있고, 그에 따라 선택의 방향도 달라진다.

내가 어떤 상태이며 어느 방향으로 나아가고자 하는지 파악하기 위해서는 'As-Is, To-Be 분석'을 활용하면 좋다.

'As-Is, To-Be 분석'은 '현재의 상황As-Is'을 인식하고 현재의 상황과 '이상적인 지향점To-Be' 과의 격차Gap를 없애기 위한 일련의 전략적 사고 방식을 뜻한다. 흔히 비즈니스상에서 어떠한 프로젝트를 진행할 때 최선의 결과를 얻기 위해 사용하는 기법으로 개인의 삶에서도 매우 훌륭한 틀로 활용할 수 있다. 특히 꿈을 지향점으로 두고 현재의 내가 미래의 내 모습과 일치하기 위해 어떤 점을 개선하고 발전시켜야 할지 명확히 아는 데 적지 않은 도움이 된다.

기록의 관점에서 보자면, 'As-Is'는 현재 이 시점의 나의 상태(개선되기 이전의 모습)이며, 'To-Be'는 미래의 이상적인 나의 상태(개선된 후의 모습)이다. 최종 목표는 'As-Is'를 'To-Be'로 만드는 것인데, 이때 중요한 것이 둘 사이의 차이Gap를 분석하고, 이를 없애기 위해 어떤 노력을 해야 하는지를 파악하는 것이다. 특히 꿈을 중심으로 영역별로 이 분석법을 대입하면 내가 실행에 옮겨야 할 노력의 행위를 구체적으로 파악할 수 있다.

나다운 선택을 실행할 용기를 가져라

이때 꿈이 일정한 방향성을 갖고 있다면 'To-Be'를 설계할 때 너무 먼 미래가 아닌 한 달짜리 'To-Be'를 써보길 권한다. 일상 기록의 첫 시작이 '자기선언'인 것도 같은 원리다. 이번 달에 내가 어떤 지향성을 갖고 지낼지 기록해보면, 쓰는 것만으로도 내가 이번 달에 무엇을 해야 할지, 무엇이 부족한지 파악된다.

실제로 매달 'As-Is, To-Be 분석'을 하고 복기하면 실제 선택을 할 때 가장 나다운 선택을 할 확률이 높아진다. 내면 깊숙한 곳에 있는 무의식을 파악하고, 'As-Is, To-Be 분석'으로 꿈의 방향을 설정한 후 시행착오를 통해 보다 더 확실한 방향성이 정립되었는데 어떻게 선택에 있어 자기 기준이 없겠는가. 꿈 안에서 또 다른 선택지를 생각할 때도 마찬가지다. 다만 그 꿈도 언제든 변할 수 있다는 사실을 편안하게 받아들여야 한다. 그것 역시 내가 주관할 수 있기 때문이다.

이제 남은 건 용기다. 그런데 용기는 선택할 때가 아닌 선택한 후부터 필요하다. 나의 상태와 진심으로 원하는 것이 무엇인지 안 상태에서 선택을 할 때는 용기가 필요 없다. 그것 외에는 다른 선택을 할 수 없기 때문이다. 하지만 그 선택을 한 후 구체적인 행위를 할 때에는 용기가 필요하다.

결국 선택주도형 인간은 'As-Is, To-Be 분석'이 일상화되어 꿈을 구체화하는 것에 익숙하다. 자신이 원하는 대로 이루며 살아가는 사람들이 있다. 이들은 'As-Is, To-Be 분석'을 일상에서 하고 있는 선택주도형 인간이다. 사실 기록을 통해 '선 생각-실행-후 생각'의 사이클이 몸에 착 붙어 있다면 누구나 가능한 일이다.

후 회 하 지 않 는

선   택   의

메   커   니   즘

조훈현 국수의 책《고수의 생각법》에서 '복기의 힘'에 대한 부분은 상당히 인상적이다. 바둑에서의 복기란 승자와 패자가 머리를 마주하고 이미 두었던 바둑의 대국을 되짚어 보는 것을 의미한다.

바둑기사들이 실제 시합을 할 때는 상대가 어떻게 나올지 모르기 때문에 감정과 이성의 협력하에 바둑을 둔다. 반면에 최종적인 귀결을 알고 복기할 때는 반성의 지점이 구체적이기 때문에 이성에 의존해 냉철하게 판단한다. 어느 지점에서 어떤 실수를 했는지 정확히 파악할 수 있기 때문에 그 과정에서 바둑 실력이 늘고 생각력도 확장한다.

"승리한 대국의 복기는 이기는 습관을 만들어주고, 패배한 대국의 복기는 이기는 준비를 만들어준다." 조훈현 국수의 이 말은 우리의 일상에 그대로 적용된다. 바둑기사처럼 생각력이 확장되면 과거 어느 시점에 내린 선택이 어떤 이유로 내린 것인지 상세히 복기할 수 있다.

하지만 그 정도의 생각력이 없어도 기록에 의지한다면 생각력을 높아지고, 바둑기사의 복기처럼 그 순간을 기억하는 것이 가능하다. 매일 하는 일상 기록이 복기 행위이기 때문이다. 그것은 내 삶의 역사가 되어 새로운 도전과 선택을 하는 데 근간이 되어준다.

내가 생각하는 '장고 끝에 악수 둔다'는 말은 복기하듯이 사고하지 않고, 별의별 변수만 고민하다가 결국에는 이성이 아닌 감정에 의존한 선택을 하는 경우다. 제 아무리 골똘히 생각하고 괴로워하며 내린 결정이더라도 'As-Is, To-Be 분석'에 기반하거나 과거의 실패 요인을 바탕으로 한 선택이 아니라면 또 한 번의 악수를 두는 것이다.

하지만 일상 기록을 하면 바둑기사가 복기하는 것과 같은 경험을 할 수 있다. 감정적 괴로움을 이성적 정리로 마무리하고, 똑같은 실수를 반복하지 않기 위해 어떻게 해야 할지 스스로 답을 찾을 수 있다. 해석적 과기는 미래의 토양이 된다. 매일 일상 기록을 쓰고 되돌아보는 성찰 일기를 쓴다면 지나간 하루가 삶의 지혜가 되어주고 수고한 나를 토닥여주며 내일에 대한 기대가 저절로 생겨난다.

정리정돈형 인간
-존재적 삶을 살아간다

우리의 삶과 행위는
자기화된 정리 안에 존재한다는 것을 명심하라.

정 리 정 돈 은

존 재 의

문 제 다

내가 보고 듣고 느끼는 것들을 기록해 자기화하는 기록의 원리를 깨우친 사람은 일상을 정리하여 재창조하는 데 능한 '정리정돈형 인간'이 된다. 우리의 삶과 행위가 자기화된 정리 안에 존재한다는 것을 인식하고 그것을 실천하기 때문이다.

평소에 정리를 잘 하지 않는 사람들은 몇 가지 공통점이 있다. 우선 정리된 삶이 주는 행복과 효과를 모르기 때문에 한없이 정리를 미루고 게으름을 피우며 산다.

또한 자신의 현 상황에 대해 마주하는 것을 회피하는 성향이 강하다. 자신이 처한 현실을 객관적으로 바라볼 용기가 부족한 것이다. 이대로는 안 된다는 위기의식은 있지만, 개선을 위한 조치는 마냥 미루는 게 일상이다. 하지만 이러한 현실도피는 미래에 대한 불안을 가중시킨다. 또한 이들은 과거에 대한 집착이 강해서 해묵은 관계와 감정에 얽매여 있는 경우도 많다.

반면에 정리의 가치와 효능을 잘 알고 실천하는 사람들은 라이프 스타일 자체가 정리정돈에 기반한 미니멀리즘을 추구하고 있으며, 삶의 방향성도 일정 수준까지 정립되어 있다. 그래서 나는 정리를 샤워에 비유한다. 샤워를 마치면 몸과 마음이 산뜻해지듯이 주변 환경을 정리하고 난 후의 느낌도 이와 같다. 군더더기 없이 말끔하게 정리정돈이 잘 된 환경 속에서 시작하는 일상에는 밝은 기운이 깃들기 마련이다.

당신은 물건의 존재적 가치를 느끼고 있는가

흔히 정리는 외부 환경 요인이라고만 생각해서 그것이 나의 내면과 밀접한 관계가 있음을 제대로 인식하지 못한다.

그러나 사실 이는 에리히 프롬이 강조한 '소유와 존재'의 문제와 연관 있다. 물건을 소유가 아닌 존재로 규정한 사람은 능동성에 기반해 행위하기 때문이다. 그들은 독자성과 자유, 비판적 이성을 겸비한 충만하고 생동감 있는 삶의 태도를 갖고 있다. 하지만 소유적 가치를 중시하는 사람은 물건을 얻었을 때 느끼는 쾌락에 사로잡혀 소유할수록 상실의 위기감을 더 크게 느낀다.

당연히 소유와 존재의 행위는 다르다. 똑같은 고급 승용차를 갖고 있더라도 차가 지닌 기능의 우수성과 필요성에 만족을 느끼는 사람과 타인의 시선에 민감하게 반응하면서 과시욕 차원에서 욕망의 대상으로 삼는 사람은 분명 다르다. 후자는 끊임없이 새로운 대상을 욕망할 수밖에 없고 그것을 소유하지 않으면 비교우위에서 뒤처진다는 생각에 사로잡힌다. 이 두 사람 중 누가 더 자신의 물건을 아끼고 만족감을 느낄까? 당연히 전자다.

내가 사용하고 있는 물건 중 가장 존재적 가치가 있는 것은 '라미 볼펜'이다. 얼마 전에 몇 년째 쓰고 있던 그 펜을 잃어버렸다. 거의 보름 동안 그 펜을 찾다가 결국 포기했는데 한동안 상실감에 다른 펜을 사지 않았다. 이처럼 소유냐 존재냐의 의미는 그것을 사용하다 보면 파악할 수 있다. 타인의 시선과 상관없이 내가 진심으로 소중하게 여기며 사용하는 물건이라면 그것은 존재적이다.

그런데 우리에게는 존재적이지 않은 것이 너무나 많다. 그런 것들을 버리고 정리하는 데서 존재적 삶은 시작되고, 이렇게 선별된 존재들로 채워진 일상의 공간은 사랑스러울 수밖에 없다. 그러니 어떻게 매일 정리정돈을 하지 않을 수 있겠는가.

물 리 적

정 리 의

구 조 적   해 결 법

　내가 머무는 환경은 늘 정리가 잘된 상태여야 하고 심지어 아름다워야 한다. 그 환경이 내 일상의 밝음과 어두움을 결정하는 이유다. 정리가 잘된 환경에서 하루를 시작하는 사람은 남들보다 더 밝은 기운을 느끼며 하루를 보낸다. 집 뿐 아니라 사무공간도 마찬가지다. 잘 정리된 환경에서는 그 일을 보다 더 잘 해내고 싶다는 의욕과 이 만남을 의미 있게 만들고 싶다는 욕구가 자연스럽게 생긴다. 그래서 물리적 정리정돈은 아주 중요하다.

　그런데 잘 정리된 상태는 '오늘은 꼭 정리를 해야지'라는 간헐적인 결심으로는 결코 유지되지 않는다. 공간을 정리하는 것도 루틴 설계를 통해 습관화해야 한다.

이를 위해서는 우선 정리정돈의 의미를 절절하게 생각하는 것이 중요하다. 정리를 하면 1분에 한 번씩 그 밝음의 기운이 나의 심리 상태에 영향을 미친다고 생각해보자. 하루 종일 엄청난 횟수로 나에게 작동할 텐데 어떻게 중요하지 않겠나.

그렇다면 정리정돈을 잘하기 위해서는 어떤 루틴과 습관을 가져야 할까. 나는 정리정돈의 방법을 기록학의 원리에서 찾았다. 기록학의 핵심 원리는 주기적인 평가와 선별, 의미 있는 분류와 목록화, 적극적인 활용에 있다. 이 원리는 집안 정리에 고스란히 적용된다.

우선 물건의 용도를 평가하고 그 쓰임에 따라 꼭 필요한 것과 그렇지 않은 것을 선별해보자. 그다음에는 과감하게 분류한 후 버린다. 이후 남는 물건은 실생활에서 적극적으로 활용한다. 이렇게 쓰다 보면 그중에서도 자주 쓰지 않는 게 무엇인지 알게 된다. 이때에도 미련 없이 버리자.

내가 실천하는 물리적 정리의 요령은 세 가지다. 첫 번째는 '정리를 위한 구조 설계'하기다. 이는 가족 간 역할과 규칙을 정해서 구성원들이 각자 자신의 몫을 다하도록 하는 것을 의미한다. 가령 자신의 물건과 방은 스스로 정리하기, 가족 공용공간에는 자신의 물건을 갖다놓지 않기 등의 규칙을 정해서 매일 실천하는 것이다.

두 번째는 '죽기 살기로 버리기'이다. 이는 과장된 표현이 아니다. 실제로 마구잡이로 어질러진 공간은 건강에 해롭다. 욕구에 충실해 잔뜩 사들인 옷과 살림으로 가득 차 있는 집에서는 스트레스 호르몬으로 불리는 코르티솔Cortisol 수치가 높아지며, 쓸데없는 집기와 자료들로 가득한 사무실 역시 뇌의 집중력을 떨어뜨린다. 특히 우리의 뇌는 단기간에 몇 가지 기억만을 간직하도록 설정되어 있기 때문에, 물건이 넘쳐나는 공간에서는 그것들을 인지하느라 편안히 쉴 수 없다.

고민하지 말자. 1년에 한두 번밖에 사용하지 않는 것들은 무조건 버려라. 고민이 될 때마다 이것들이 내 건강을 갉아먹고 있다는 것을 상기하자. "이렇게 버린 후 다시 필요해지면 어떻게 해요?"라고 질문할 수도 있다. 하지만 미니멀 라이프를 추구하면 다시 사지 않게 된다. 미니멀 라이프는 상대적 개념이다. 특정 물건을 버린 후 다소 불편하더라도 그 상태 안에서 살려고 노력하는 것이 바로 미니멀 라이프다.

아무리 애를 써도 물건이 늘어나는 사람들을 위해 '소유 총량제'를 권한다. 소유 총량제란 새 물건을 살 때, 가지고 있는 물건을 하나 버리는 것이다. 소유 총량제를 실천하다 보면 최소한 잡동사니가 늘어나진 않는다.

세 번째는 '사용 편의성의 질서 구축하기'이다. 옷장 정리에 적용해보면 계절별, 색감, 활용도 등을 기준으로 정리하면 한결 수월하다. 나의 옷장에는 재킷과 티셔츠가 같이 걸려 있다. 가장 활용도가 높기 때문에 색감별로 정리해둔다.

그 외에도 사용한 물건은 늘 제자리에 두는 원칙을 실천하고 있다. 텔레비전과 에어컨의 리모콘은 제자리에 없으면 찾아서 반드시 갖다놓는다. 이런 식으로 무엇이든 쓰고 나면 바로 제자리에 두는 습관을 실천하면 정리정돈이 내 삶이 된다. 그리고 한 달에 한 번은 정리의 날로 루틴화해서 온가족이 다 함께 일정 시간 동안 정리한다. 일요일 오전 정해진 시간 안에 정리된 것만 수용하고 덜 한 것은 다음 달에 하는 식이다. 이렇게 이벤트화해서 대대적인 정리를 하면 알게 된다. 매달 버려도 버릴 게 나올 정도로 내가 쓸데없는 것을 많이 갖고 있다는 사실을 말이다.

삶과 지식을 정리해서 재창조하는 법

현대인에게는 물건뿐 아니라 데이터도 주요 정리 대상이다. 매일 쌓이는 이메일과 사진, 노트북 폴더에 추가되는 파일 등 일상적 데이터들이 넘쳐난다. 이것 역시 데이터가 생성될 때마다 적용시키는 정리 원칙이 필요하다.

일례로 나는 사진을 찍으면 똑같은 장면의 사진은 하나만 남기고 나머지는 모두 버린다. 이메일함도 일주일 단위로 관리한다. 각종 파일은 반드시 폴더화해서 정리한다. 그 폴더에는 프로젝트를 시작하면서 새롭게 생성된 파일뿐 아니라, 예전의 데이터를 브라우징해서 해당 프로젝트와 연관이 있는 것을 찾아서 넣어주는 작업도 주기적으로 한다.

또한 독서나 강의를 통해 새로운 지식을 얻거나 누군가를 만나 영감을 얻으면 반드시 지식 기록을 해서 정리해둔다. 나의 일상 기록 중 구상 기록만큼이나 중요한 것이 지식 기록이다. 기록해두지 않는 지식은 대부분 휘발되어서 아무리 읽고 들어도 지식을 기록하고 종합해서 연상하는 과정을 거치지 않으면 영감이라는 아웃풋이 생성되지 않는다.

정리와 분류를 통해 생성된 지식이 벽돌처럼 차곡차곡 쌓여서 기억으로 남으면 그것은 곧 생각력 향상에 직접적인 영향을 미친다. 즉, 정리 행위를 통해서만 기억은 온전히 누적된다.

이러한 정리는 월간 다이어리 한 권만으로도 충분하다. 하루 동안 내가 만들어내는 모든 데이터를 정리할 수 있기 때문인데 이때의 기록은 단순한 정리 차원의 결과물이 아니다. 나의 꿈과 연계된 상상과 실행이 계속 상호작용하면서 정리해내는 아웃풋으로 또 다른 실행의 동력이 된다.

실행은 정리된 사고에 의해서만 가능하다. 우리의 삶과 행위 자체가 자기화된 정리 안에 존재한다는 것을 인식하고 그것을 실천해나간다면, 누구나 자신만의 성장 메커니즘을 작동시킬 수 있다. 이보다 더 멋진 인생이 있을까.

Chapter 11

쿨 트러스트형 인간
– 인간관계로부터 자유로워진다

내가 바라는 인생은 내 안에 있다.

자 기 효 능 감 을

떨 어 뜨 리 는

관계부터 정리하라

일상 기록으로 기록형 인간이 되면 타인과의 관계로부터
도 자유로워진다. 일상에서 성취의 경험이 쌓이면서 자기
효능감을 깨닫고 자기 자신의 가치에 집중하는 삶을 살기
때문이다. 나는 이런 인간형을 '쿨 트러스트Cool trust 인간'이
라고 부른다. 쿨 트러스트는 타인과 나 사이의 적정한 거리
를 유지하는 동시에 마음을 주고받는 친밀함이 있는 건강
한 관계 맺음을 뜻한다.

자존감을 구성하는 요소 중 가장 중요한 것은 자기 효능
감이다. 이는 어떤 문제를 나의 능력으로 잘 해결할 수 있다

는 것을 스스로 인식하는 것이다. 예를 들어 회사에서 내일까지 마무리해야 하는 중요한 일이 있는데 '과연 내가 이걸 잘 해낼 수 있을까?' 하고 스스로에게 질문했을 때 '충분히 가능해'라고 생각하는 상태다. 이런 판단이 가능한 것은 평상시 자기가 해온 일들이 능력치로 쌓여서 고유한 역량이 되었음을 믿기 때문이다.

일상 기록을 통해서 생각과 기록의 세계가 탄탄한 사람은 자기 효능감이 생길 수밖에 없다. 자신의 성장이 차곡차곡 쌓여간다는 느낌을 기록으로 매일 확인하기 때문이다. 또한 생각력의 성장을 체감하고 있어서 미래에 대한 불안도 적다. 매일의 자기 효능감이 일주일치의 효능감으로 이어지고, 한 달의 자기 효능감으로 쌓이면 인생 전반에 긍정적인 에너지로 작용할 수밖에 없다. 이 과정에서 자존감도 높아진다.

하지만 기록을 통한 성장을 경험하지 못하는 사람들은 타인에 의해 휘둘리면서 스스로의 가치를 평가절하하며 돌보지 않을 가능성이 높다. 이렇게 자기 효능감을 해치는 첫 번째 요인은 가장 일상적인 관계에서의 집착이다. 그중 하나가 가족이다. 가장 가까우면서도 책임감에서 결코 자유로울 수 없는 가족은 아이러니하게도 나의 효능감을 떨어뜨리는 주범이다.

아침에 일어나자마자 학교에 가지 않겠다는 아이와 사소한 일로 짜증내는 남편 등 일상에서 훅 치고 들어오는 어두운 기운 속에서 자기 효능감을 지켜내려면 어떻게 해야 할까? 관계를 끊어낼 수는 없다. 하지만 일정한 수준의 감정적 거리 두기는 얼마든지 가능하다.

자기 효능감을 해치는 두 번째 요인은 서열사회 속에서 타인과의 비교로 자신의 능력을 가늠하는 것이다. 사회적 비교라는 악순환에서 벗어나려는 노력은 그 자체로도 자존감을 높이는 근간이다. 결국 인생은 절대치다. 상대적 가치가 아닌 절대적 가치에 의해 살아야 진정한 지유와 행복을 추구할 수 있다.

자기 효능감을 해치는 세 번째 요인은 '성장의 단계론'을 인식하지 못하는 데 있다. 성장의 단계론이란 성장의 형태가 곡선을 그리며 우상향하는 것이 아니라 계단식으로 점프를 하며 우상향하는 것을 말한다. 즉, 지금 당장은 달라지는 것 같지 않지만 어느 순간 괄목할 만한 변화를 이뤄내는 것을 뜻한다. 지금 나의 능력이 기대치에 미치지 못한다는 것을 인정하고, 단계별 성장의 로드맵을 갖고 있다면 자기 효능감이 떨어지지 않는다.

나는 교수 시절에 정부 용역 과제를 맡은 적이 있었다. 그런데 당시 인력으로는 과제의 아웃풋을 최고치로 끌어올릴 묘안이 나오지 않았다. 여러 차례 시행착오를 거쳤지만 결국 기대한 만큼의 결과를 낼 수 없겠다는 판단에 도달했고, 그때부터는 선택이 필요했다. 내가 실무자가 되어 아주 구체적으로 관여해서 결과물의 수준을 끌어올리거나, 아니면 현재의 인력이 할 수 있는 최대치로만 결과를 내서 평가받거나 둘 중 하나였다.

그때 나는 후자를 선택했다. 그 결과 부족한 성과물로 인한 질타를 받아야 했지만 그 모든 리스크를 안고 갔다. 내가 그런 판단을 내릴 수 있었던 근거는 이 프로젝트를 계기로 나와 우리 팀이 좀 더 성장해서 다음 단계에서는 더 잘할 수 있겠다는 믿음이 있었기 때문이다. 이것이 바로 성장의 단계론이다. 상대적 비교가 아닌 나와 우리가 지닌 능력의 절대적 가치를 인정하고, 그것을 끌어올리는 데 집중한다면 당장의 결과물에 비관하지 않을 수 있다.

'나는 이것밖에 안 되는구나', '우리는 역시 안 돼'와 같은 절망적인 생각에 갇혀 있지 말고, 현재 직면한 한계를 극복하면 분명 새로운 능력을 장착할 것이라는 확신을 가져보자. 지속적인 성장은 단계론을 인식하는 것만으로도 충분하다. 실제로 인간은 단계적으로 성장한다. 상대적 비교에 빠져서 이를 잊고 살 뿐이다.

　자신의 삶에서 가치 설계를 잘하는 쿨 트러스트형 인간은 자기 효능감을 유지하거나 강화하는 관계 맺기에 탁월하다. 이를 해치는 관계로부터 자유로울 수 있는 용기 또한 갖추고 있다.

결과를 상상하면

관계의 방향도

그 려 진 다

지금 내 삶의 가치 중심이 어디에 있는지 생각해본 적이 있는가? 혹시 이것을 타인에게 두고 있다면 삶은 한순간에 무너진다. 그 타인에는 가족도 포함된다. '내가 바라는 인생은 내 안에 있다'는 가치가 올바로 설 수 없다면 가족 관계도 재정립이 필요하고, 때론 적극적으로 극복하기 위한 노력을 해야 한다. 부부도 서로에게 영원히 내면의 상태로 존재하기는 어렵다. 결혼 초기에는 항상 내 안에 있는 존재지만, 시간이 지나면 머릿속에서도 서서히 사라지면서 같이 있으면 좋은 정도의 관계가 된다.

자식과의 관계도 마찬가지다. 내 삶의 중심을 자식의 성공에 두는 사람은 실패한 인생을 살 확률이 높다. 죽음을 생각하며 버킷리스트를 떠올리듯 자식이 내 손을 떠난 상태를 상상하며 그 관계를 생각해보라. 완전히 독립된 개체가 된 자식과 그때의 내 모습을 떠올려보면 지금 엄마로서 내가 어떤 삶을 살아야 할지 선명하게 그려진다.

우리는 이성적 존재이기 때문에 결과치를 구체적으로 상상하면 지금 어떤 방향성을 지향해야 할지 충분히 감을 잡을 수 있다. 이런 생각을 절절하게 하지 않으니까 관계에 매몰되고 만다.

그런데 이 문제는 일상 기록을 통해서도 얼마든지 해결된다. 월간 다이어리에 일상 기록을 쓰면서 실천력과 생각력이 높아지면 결과적으로 삶의 중심에 내가 바로 선다. 즉, 관계에 집착하지 않으면서 자신의 삶에 집중할 수 있다.

직장동료와 상사도 가족처럼 거리두기가 어려운 핫 트러스트Hot trust 관계다. 하지만 이들에게도 선긋기는 분명히 해야 한다. 내 생각을 분명히 밝히거나 때로는 영혼 없는 피드백을 하면서도 내가 취할 것과 버릴 것을 분명히 가려내야 한다.

가령 회사에서 상사의 지시를 받았을 때 동의할 수 없을 때가 있다. 이때는 상사의 의지는 일정 부분 반영하되 일의 진행 방향은 나의 생각대로 추진하면 된다. 그리고 보고할 때는 "부장님이 말씀하신 부분이 좋은 계기가 되어서 이런 방향으로 추진하게 되었습니다"라는 식의 피드백을 하면 된다. 그러면 상사는 자신의 의견을 존중했다는 사실에 집중할 것이다.

이렇게 나의 중심을 명확하게 세우고 아웃풋을 만들어나가되 핫 트러스트 관계에 있는 사람들의 의견 중 몇 가지는 반영할 마음의 여유를 가지면 결코 상처받거나 흥분하지 않는다.

혼자의 기쁨을 알면 진정한 쿨 트러스트가 가능하다

쿨 트러스트의 본질을 이해했다면 그 양태를 파악해보자. 쿨 트러스트 관계는 스탠딩 파티를 사례로 들면 이해하기 쉽다. 일반적으로 참석자들과의 교류를 목적으로 하는 스탠딩 파티는 작은 테이블을 사이에 두고 서서 와인이나 음료를 마시며 대화를 나누는 방식으로 진행된다. 서로의 관심사와 취향이 통하는 상대가 있으면 즐겁게 대화를 나누고 다른 대화 상대를 찾아 쿨하게 자리를 떠나도 괜찮다.

그런데 우리가 평생을 살면서 만나는 수많은 관계 중에는 이러한 쿨 트러스트가 아닌 경우가 더 많다. 그들 중에는 나와 잘 맞고 서로의 성장을 응원해주는 사람도 있고 아닌 사람도 있다. 바쁜 일상을 살다 보면 나와 잘 맞는 이들을 만나는 데도 시간이 부족하다. 당연히 그렇지 않은 사람을 만나는 데 나의 소중한 시간을 할애할 수는 없다.

만약 직장에서 300명 정도의 사람들과 함께 일한다면 나의 근거리에 있는 사람은 50명이고, 그중에서 서로에게 관심 없는 사람이 절대 다수이며 한두 명 정도가 내면적 소통의 대상일 것이다. 그렇다면 나머지 사람들과는 매일 보는 사이라도 쿨 트러스트 관계를 유지하면 된다. 이런 관계에서는 멀리서 관찰하면 오히려 호감이 생기게 된다.

가족은 동거인으로서 질서를 지켜야 하고, 직장 동료는 함께 일을 해서 성과를 내는 존재로 규정되어야 한다. 이렇게 사람과의 관계는 일정한 거리 두기를 하면 새로운 발견을 할 수 있다. 모든 관계에서 일정한 거리 두기를 통해그 관계에 정확한 의미 부여를 하면 그때 비로소 나의 삶을 살게 된다. 이러한 관계 형성에 기반해서 자기 효능감을 느끼면 혼자 있는 게 외롭거나 불안하지 않다.

이를 위해서는 일상 기록을 통해 스스로의 삶을 살고 자기 효능감을 느낄 줄 알아야 한다. 거기다가 혼자만의 행복한 추억을 만들어보는 것도 중요하다. 1년에 한두 번은 나 홀로 2박 3일 여행을 다녀오고, 코인노래방에서 혼자 노래도 불러보는 등 이벤트를 지속적으로 만들어서 혼자만의 즐거움을 직접 느껴봐야 한다. 특히 혼자서 아주 근사하고 값비싼 코스 요리를 즐겨보길 권한다. 음식 자체에만 집중하면 그 맛을 몇 배는 더 깊이 느낄 수 있을 뿐더러 나 자신을 귀하게 대접하는 경험도 할 수 있다.

이렇게 혼자서도 충만한 시간을 보내는 것이 가능할 누군가를 만나면 그 관계는 비로소 쿨 트러스트가 된다. 온전히 자기 자신으로 존재하면서 동시에 누군가와 함께할 수 있는 공동체적 삶에는 미움과 시기도 덜하다.

기 록 으 로

나 를 사 랑 하 고

환 대 하 라

　　하루를 기록하지 않으면 일상은 모두 휘발되고 만다. 기록이 전제되지 않은 모든 나의 행위는 잠시 보였다가 흔적도 없이 사라지는 거품과 같다. 결국 남는 것은 겉치레에 불과한 몸뚱이와 세상이 요구하는 나의 역할뿐이다. 하루 종일 애썼지만 나는 어디에 있는가?

　　일주일을 계획하지 않으면 일상에 꿈이 깃들지 않는다. 매일매일을 살다 보면 자연스레 일주일이라는 선으로 연결되건만, 그 선은 길 잃은 난파선의 행로처럼 갈지자를 그린다. 바람이 있다 해도 온전한 선으로 연결된 꿈의 행진은 실재하지 않는다. 일주일을 살았지만 나는 무엇을 향해 가고 있는가?

한 달을 상상하지 않으면 꿈 자체가 생성되지 않는다. 살아내는 일이 아무리 급급해도 한 번 사는 인생, 꿈을 가질 수조차 없다면 그 자체가 슬픔이다. 적어도 나다운 삶의 가능성을 펼칠 수 없다면 과연 그 삶을 나의 인생이라고 말할 수 있겠는가?

정말 그래서는 안 된다는 생각에 이 책에 여러 주문을 담았다. 매달 인생지도를 그리고 버킷리스트를 써보라. 한 달 후 나의 모습을 마음껏 상상하고, 그 상상의 끝에서 월간 계획과 로드맵을 적어라. 한 달 단위의 생각들을 낚시하듯 낚아채어 일주일과 하루 계획에 반영해야 한다. 그래야 나다운 삶을 기획할 수 있다.

일주일은 꿈으로 향하는 전략을 계획하는 최적의 단위다. 주간 계획에 나의 꿈을 이루기 위한 과제를 적어도 한두 가지는 넣어야 나답게 살 수 있다. 과제들을 이행하는 데 소요되는 시간도 산정해보자. 계획이 그저 떠벌림으로 끝나지 않으려면 시간부터 장악해야 한다. 일주일을 계획적으로 잘 살아낼 때 우리는 누군가의 도구가 아니라 온전한 나로 살아가는 삶의 주체가 될 수 있다.

삶의 실재인 하루야말로 기록으로 시작해서 기록으로 끝나야 한다. 한 줄 기록을 빼곡히 적고 영화를 보듯 온 신경을 집중해 되뇌어야만 응축된 시간을 살아갈 수 있다. 매일 아침 계획 기록을 쓰고 매 행위 전에 구상기록을 써서, 멋진 성과를 내는 전략형 인간으로 하루를 살아보자. 지식과 감각, 감정 그리고 생각들을 하루 네 쪽은 일필휘지一筆揮之로 적을 수 있는 생성의 일상을 살아보자. 하루를 온전한 기록으로 살아낼 때 비로소 우리는 '존재'로서의 인생을 살아갈 수 있다.

남은 건 실행이다. 어떻게 이 책의 모든 이야기를 실천할 수 있을까? 책을 맺으며 먼저 다음의 세 가지를 꼭 지키기를 권한다.

첫째, 휴대전화 대신 월간 다이어리를 손에 들고 다니는 습관이다. 지하철이나 버스로 이동할 때에도 가방에서 가장 빼기 쉬운 곳에 다이어리를 둔다. 자리에 앉으면 다이어리부터 편다.

둘째, 한 줄 기록부터 꼼꼼하게 쓰기 시작한다. 무엇을 하든 시간을 적고 두어 개의 키워드를 한 줄로 써보라. 차츰 다른 기록들도 쉽게 쓰는 자신을 발견하게 될 것이다.

셋째, 하루에 두 번 이상 기록을 들여다보고 미소를 지어
본다. 쓰고 되뇌고 또 쓰는 것이 기록 습관의 전부다. 쓴 것
을 자주 들여다볼수록 점점 더 기록에 감사하게 될 것이다.

작은 것을 소중히 여겨야 한다. 모두 아는 진리지만 무슨
일인지 아무도 그렇게 하지 않는다. 실행에 실패하는 이유
는 작은 것을 가볍게 여겨서다. 기록도 마찬가지다. 한 줄 적
은 것을 소중히 여기는 태도부터 갖춰야 한다. 그러면 우리
모두 다시 시작할 수 있다.

더 적극적으로 권하는 건 함께 하기다. 실행의 가장 든든
한 후원군은 함께 쓰는 동료들이다. 이미 '이룸 다이어리'
를 쓰면서 단톡방에 모여 수다를 떠는 동료들이 엄청나다.
이 책을 여기까지 읽은 모든 분들에게 이렇게 단톡방에 모
여 기록 실천을 함께 해보자고 제안한다. 그래야 우리는 월
간 다이어리 한 권으로 인생을 바꿀 수 있다.

기록의 위대함은 작은 데 있다. 그냥 한 줄을 썼을 뿐인데
나와의 대화가 시작된다. 내가 보이고 내가 느껴져야 나와
의 사랑을 시작할 수 있다. 기록이라는 이 작은 행위가 우리
에게 주는 엄청난 선물이 바로 나를 사랑하는 법이다. 내가
쓴 기록을 그냥 들여다보는 것만으로도 작은 사랑이 싹튼

다. 서열 사회 속에 찌든 일상은 사라지고 나의 진짜 모습이 서서히 드러나는 순간이다. 기록으로 나를 바라봄으로써 사랑이 시작되고 그 사랑의 끝에 가능성이 움튼다.

이제 습관처럼 나의 한 달을 상상하고 일주일을 소중하게 계획하자. 매일 아침 플래너를 쓰면서 내가 바라는 나를 맞이해보자. 기록과 함께하는 삶은 이제 막 싹을 틔운 가능성이 자유롭게 가지를 펼쳐가는 과정이다. 나에게 다가오는 나다운 인생을 기록으로 환대하는 삶, 그것이 바로 파서블이다.

파서블

일상 기록을 통해 꿈을 현실로 만드는 법

초판 1쇄 2023년 11월 27일

지은이 | 김익한

펴낸이 | 문태진
본부장 | 서금선
책임편집 | 송현경   편집 1팀 | 한성수 유진영

기획편집팀 | 임은선 임선아 허문선 최지인 이준환 이보람 이은지 장서원 원지연
마케팅팀 | 김동준 이재성 박병국 문무현 김윤희 김은지 이지현 조용환
디자인팀 | 김현철 손성규   저작권팀 | 정선주
경영지원팀 | 노강희 윤현성 정헌준 조샘 서희은 조희연 김기현
강연팀 | 장진항 조은빛 강유정 신유리 김수연

펴낸곳 | (주)인플루엔셜
출판등록 | 2012년 5월 18일 제300-2012-1043호
주소 | (06619) 서울특별시 서초구 서초대로 398 BnK디지털타워 11층
전화 | 02)720-1034(기획편집) 02)720-1024(마케팅) 02)720-1042(강연섭외)
팩스 | 02)720-1043   전자우편 | books@influential.co.kr
홈페이지 | www.influential.co.kr

ⓒ 김익한, 2023

ISBN 979-11-6834-146-3 (03190)